ARTETERAPIA PARA RELAXAR!

CIDADE

LIVRO DE COLORIR

Todolivro

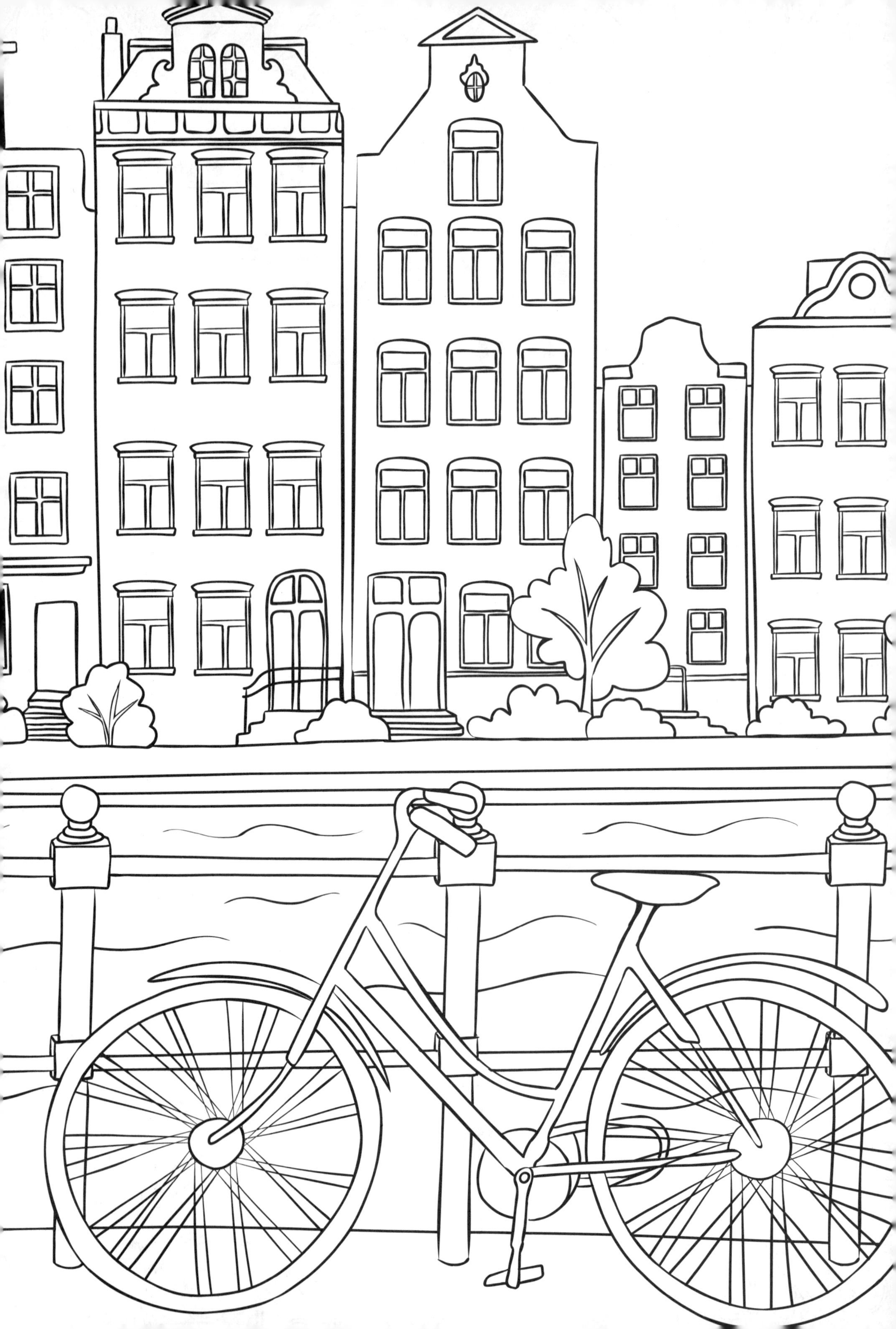

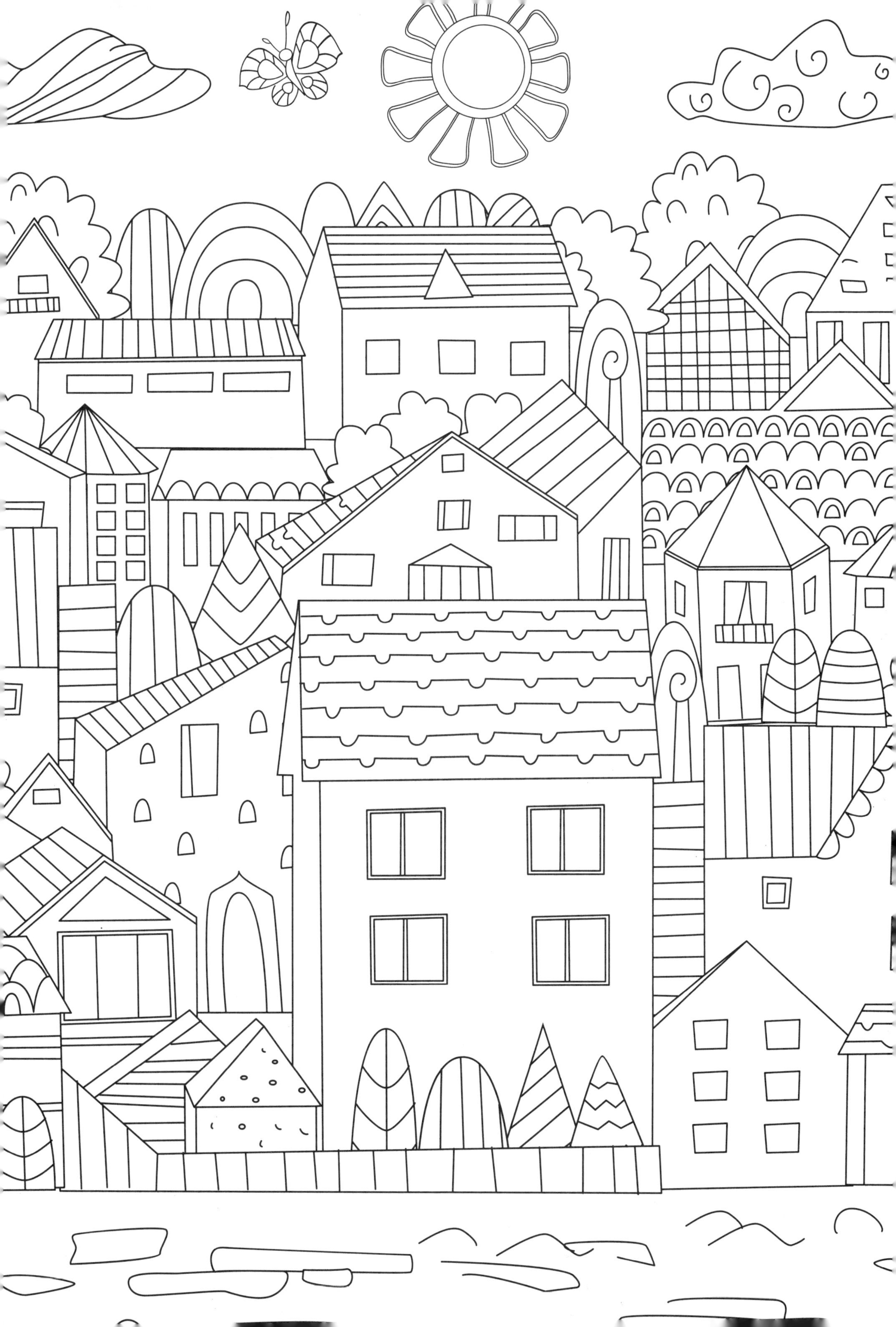

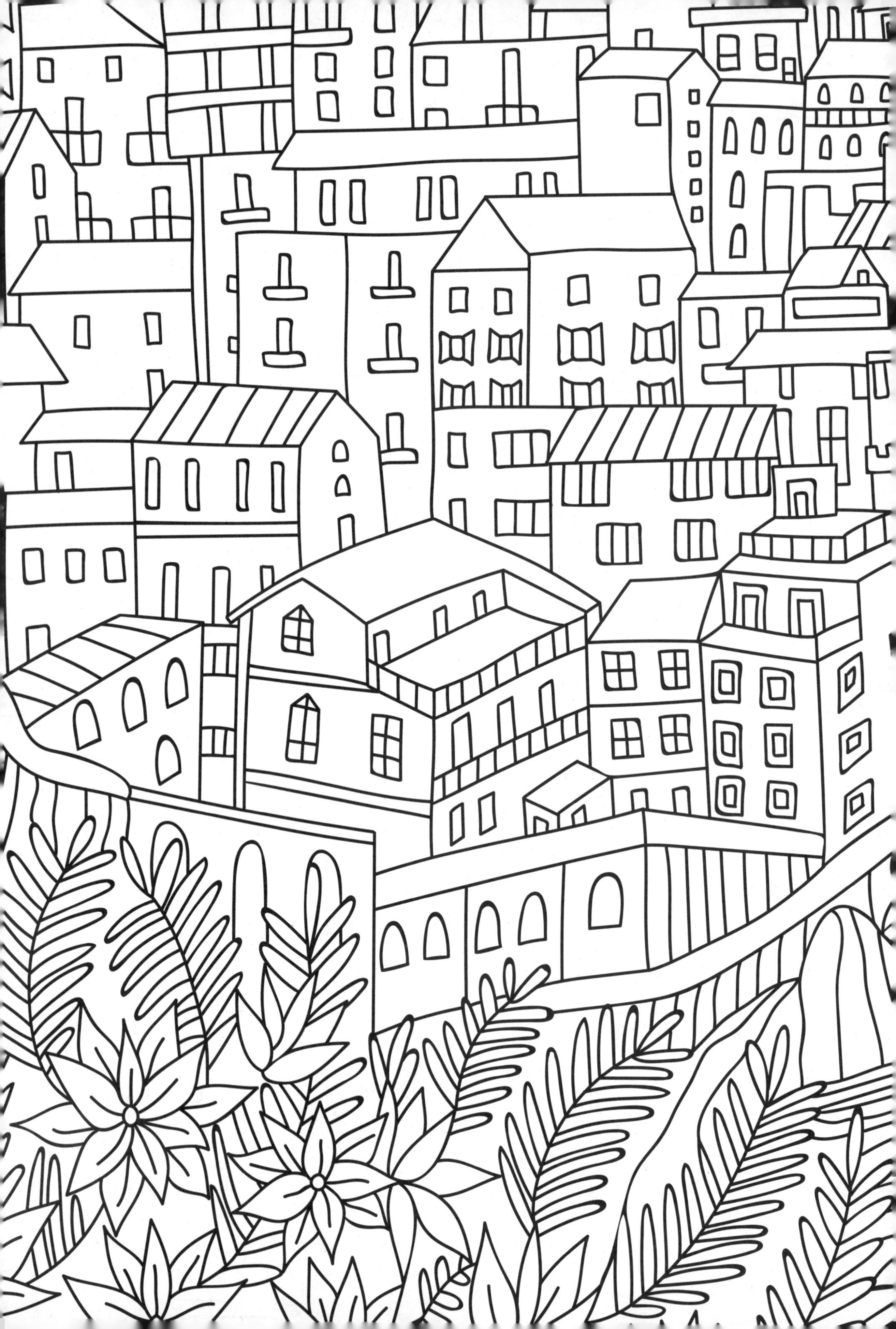

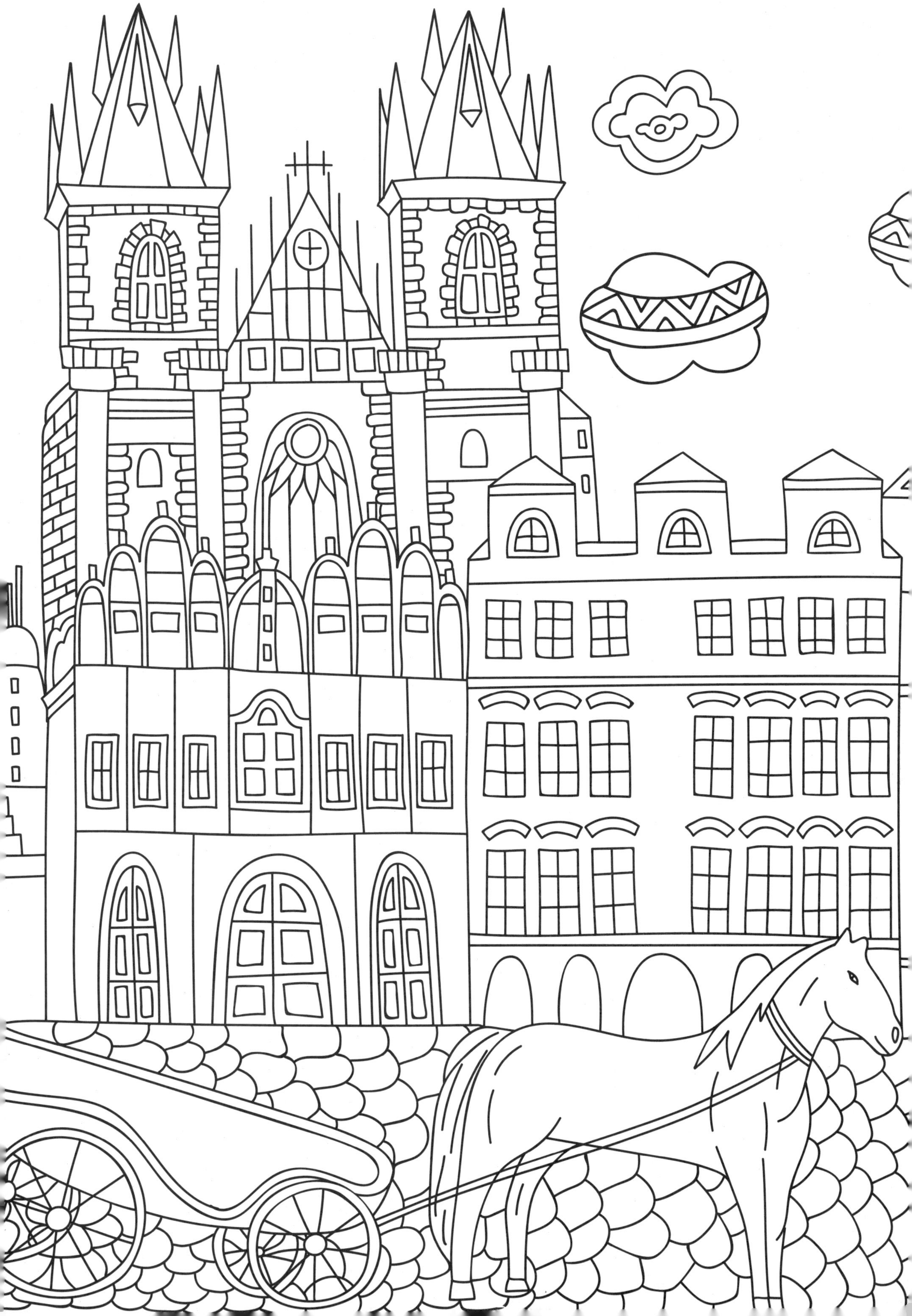

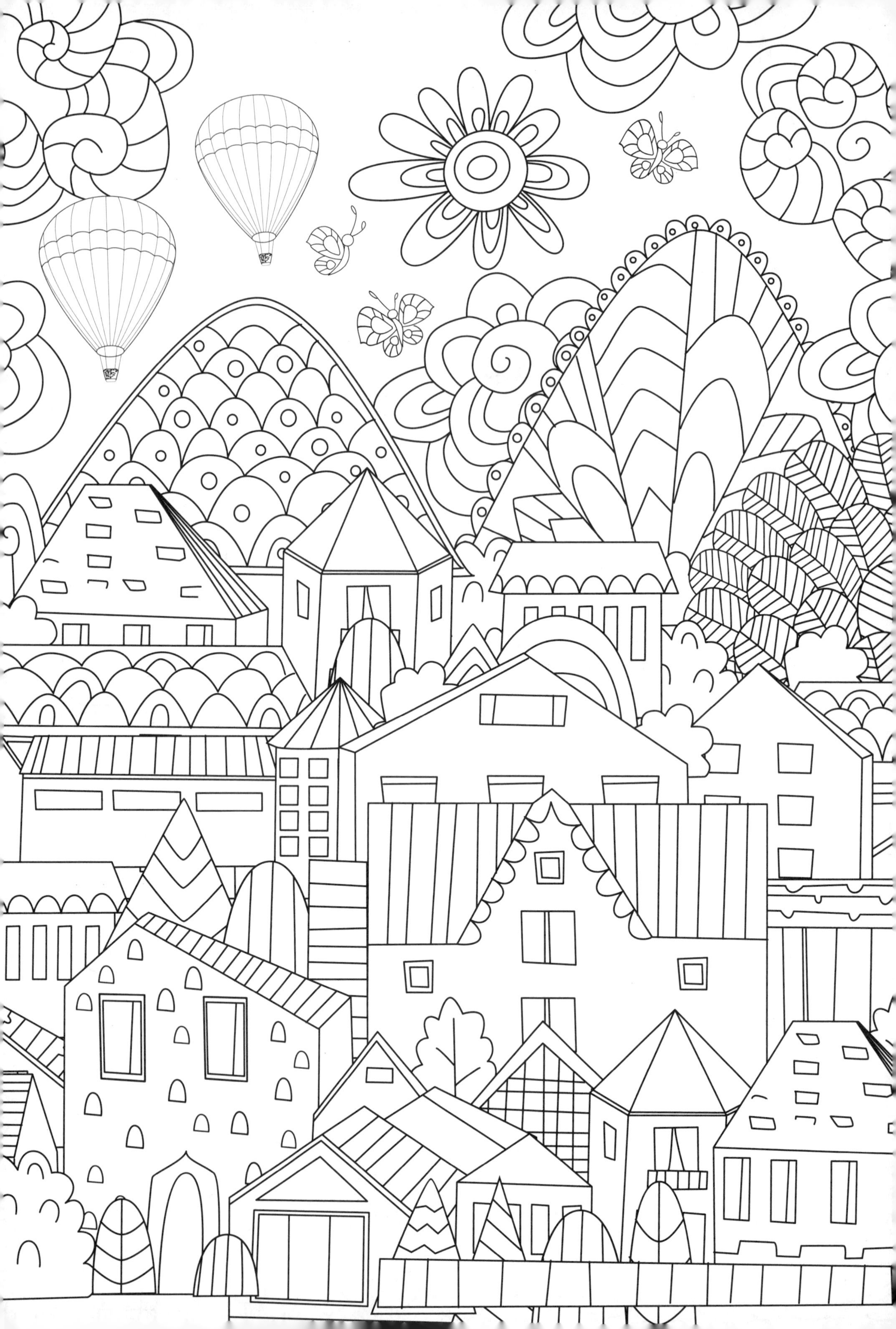

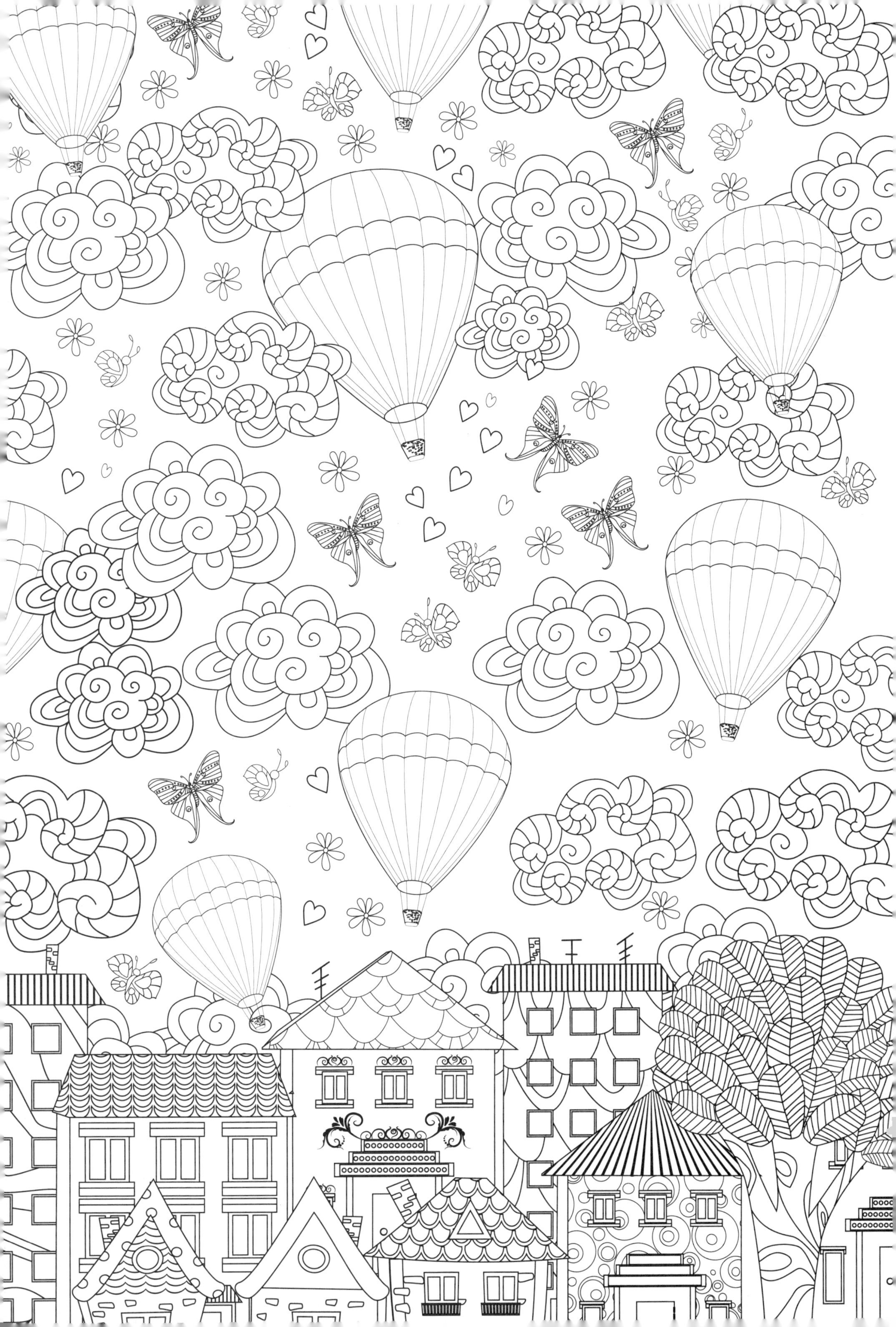

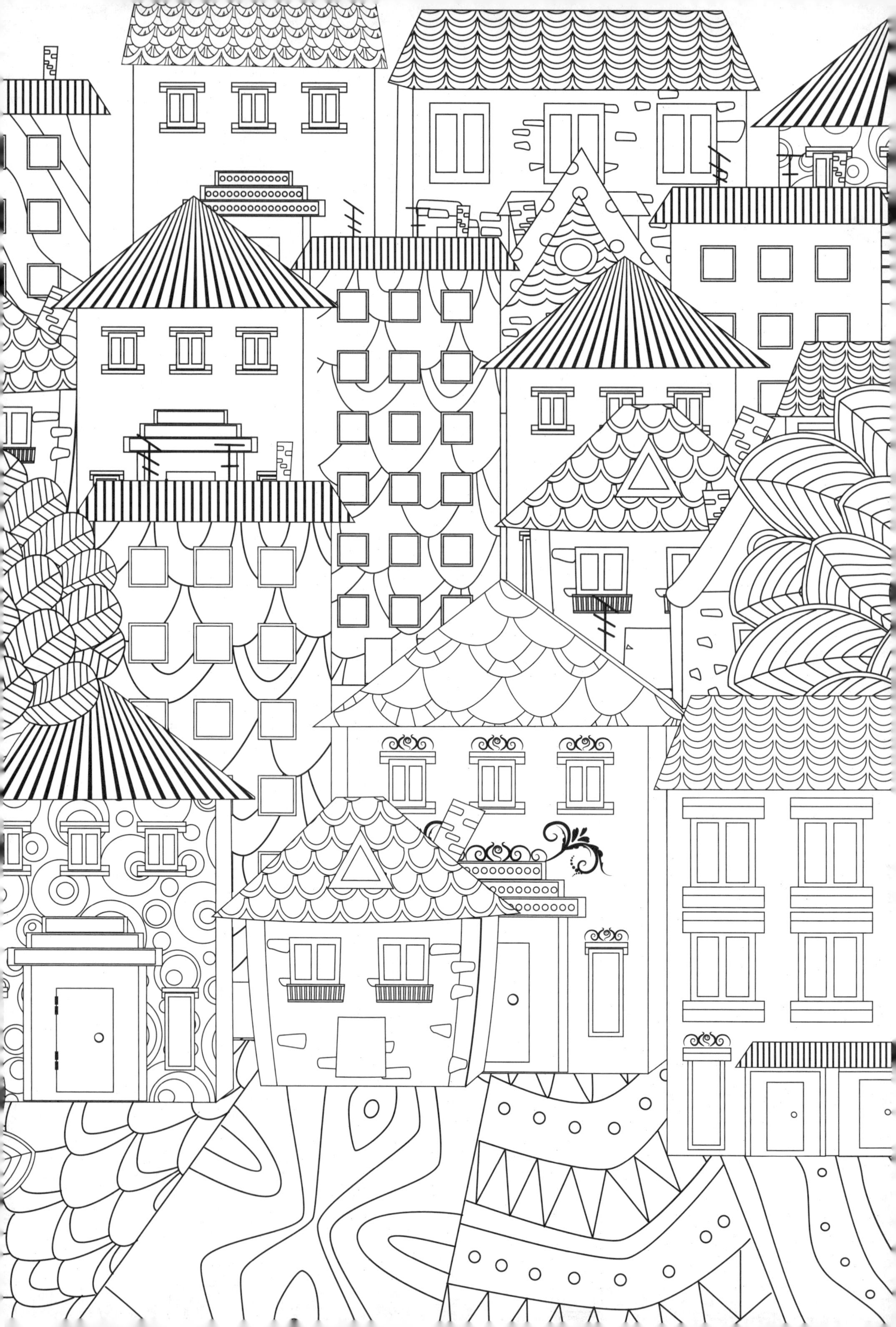

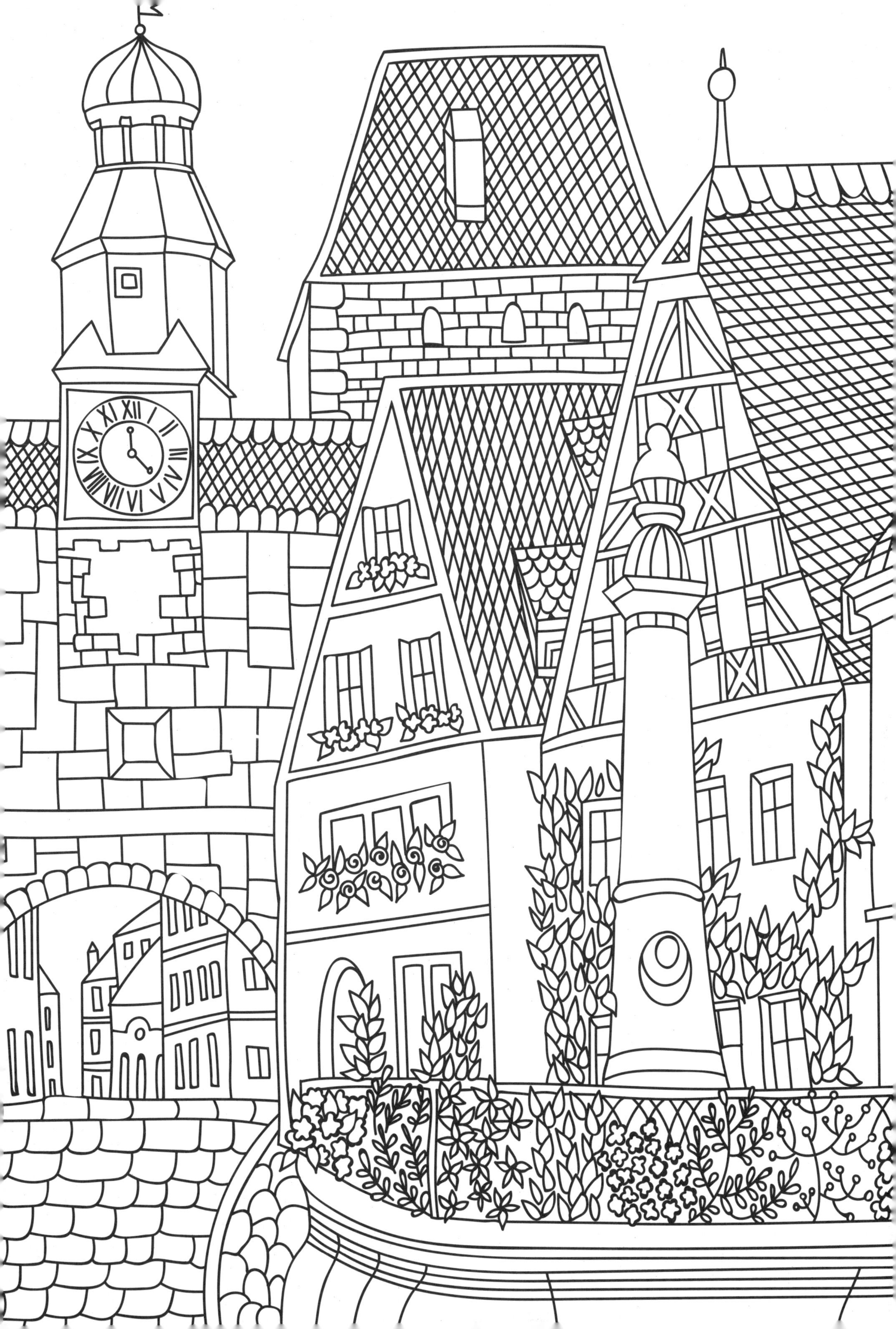

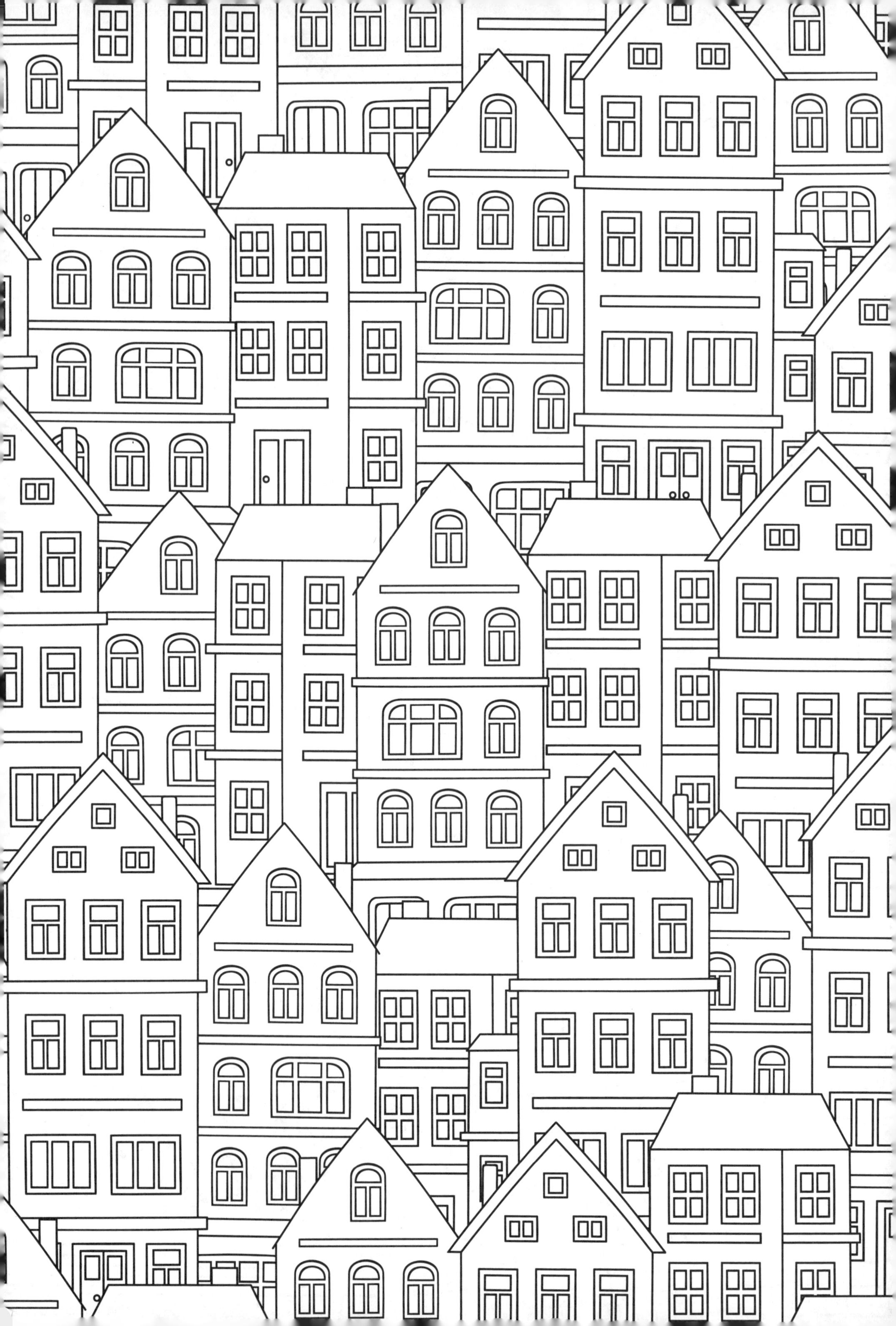

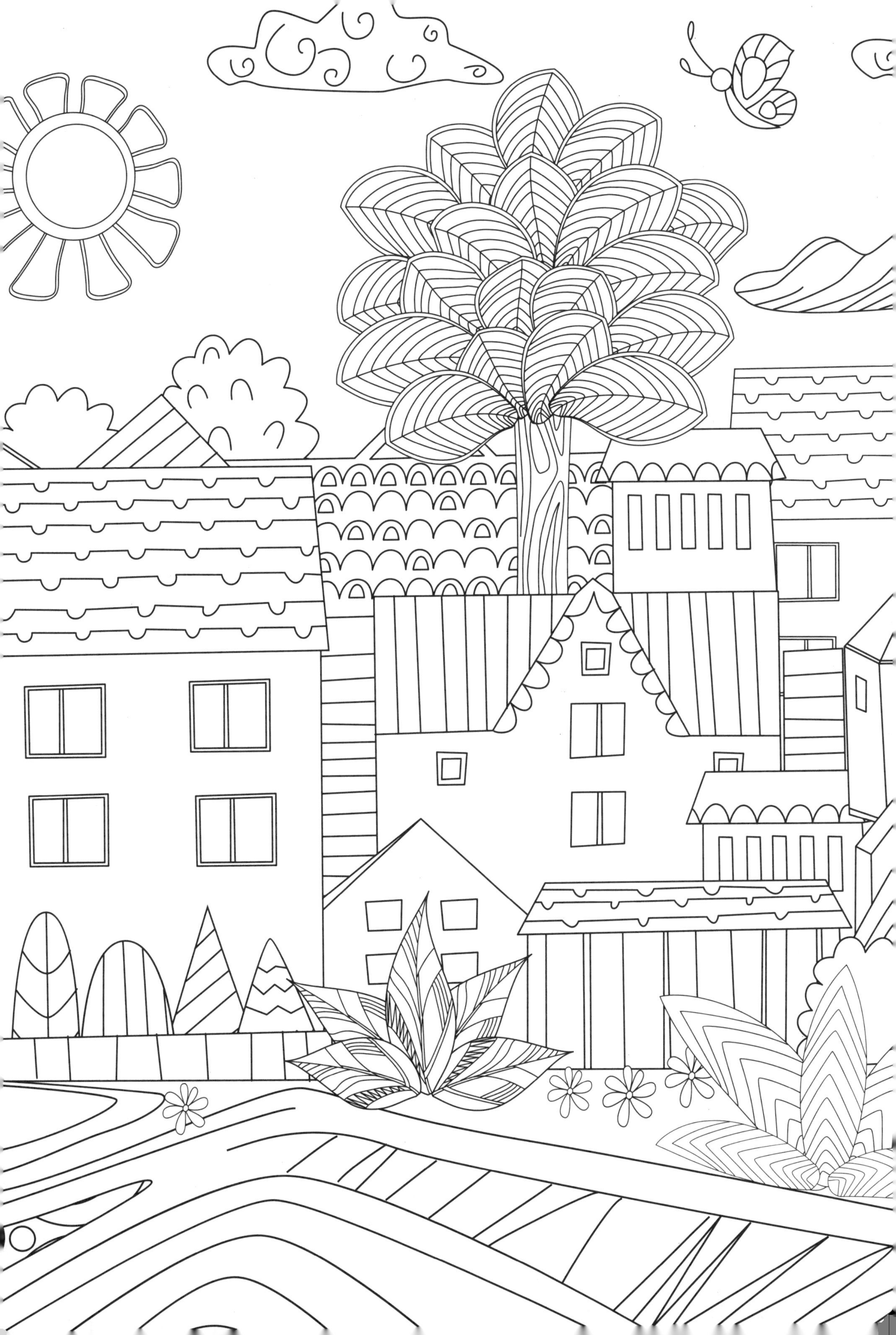

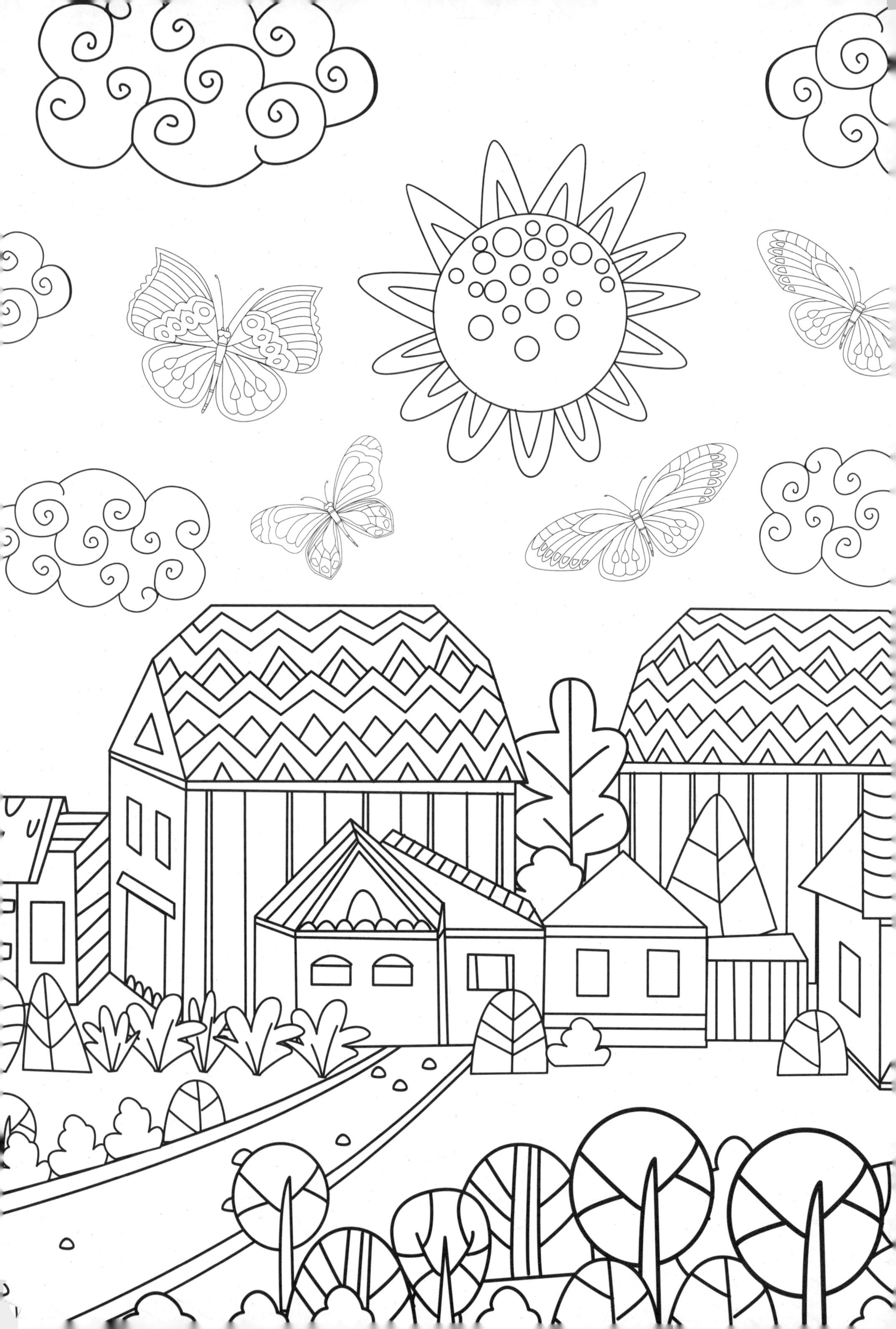

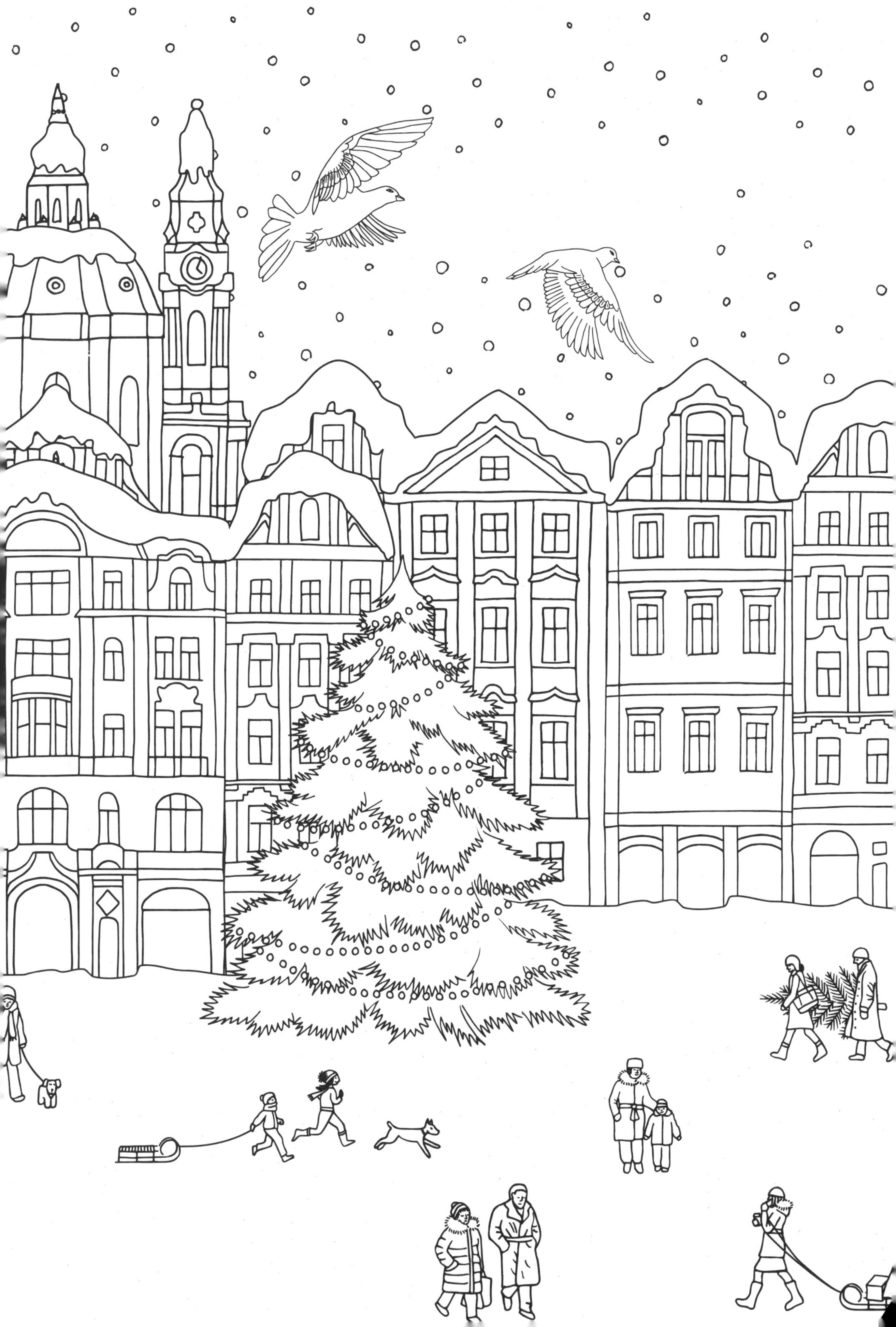

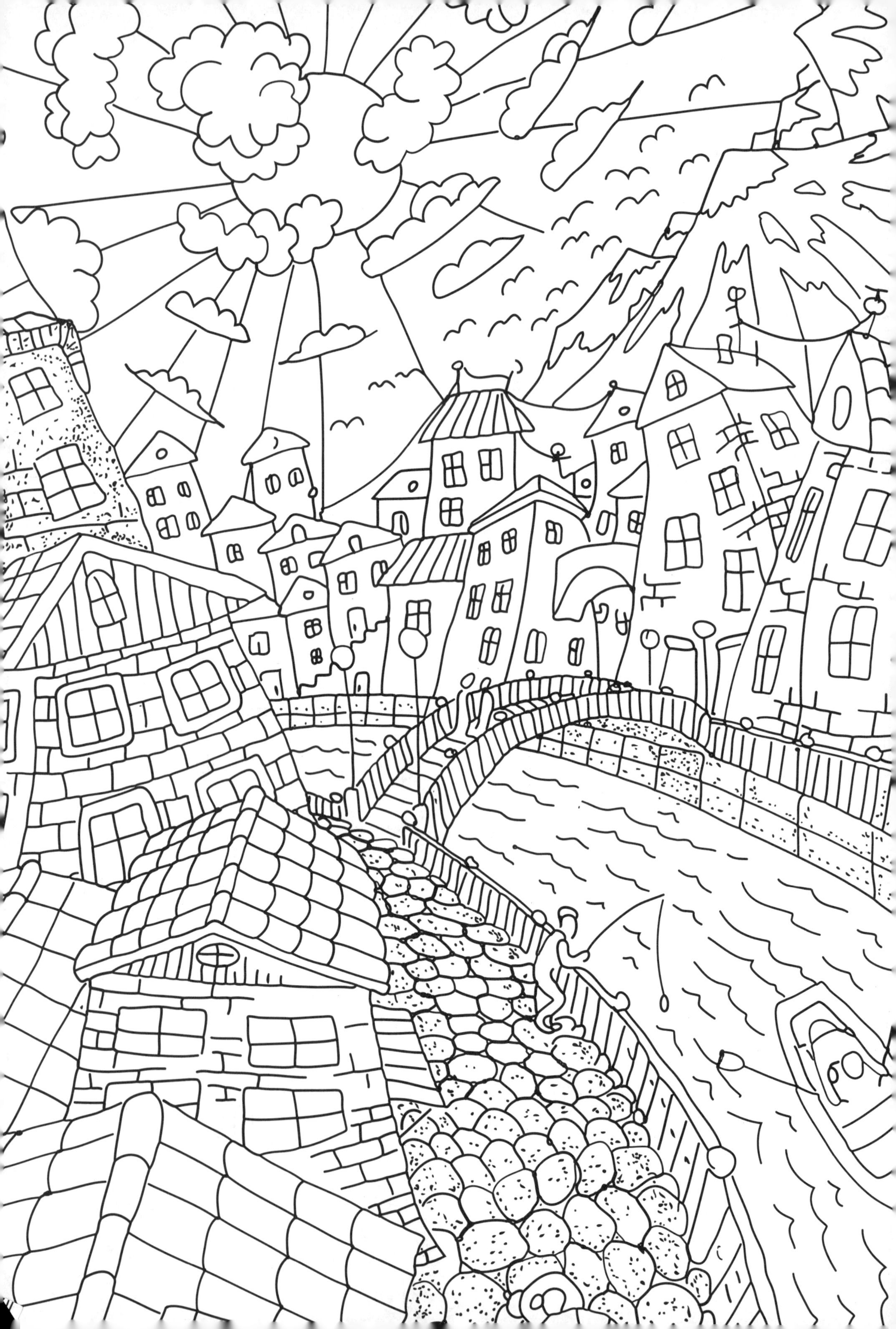

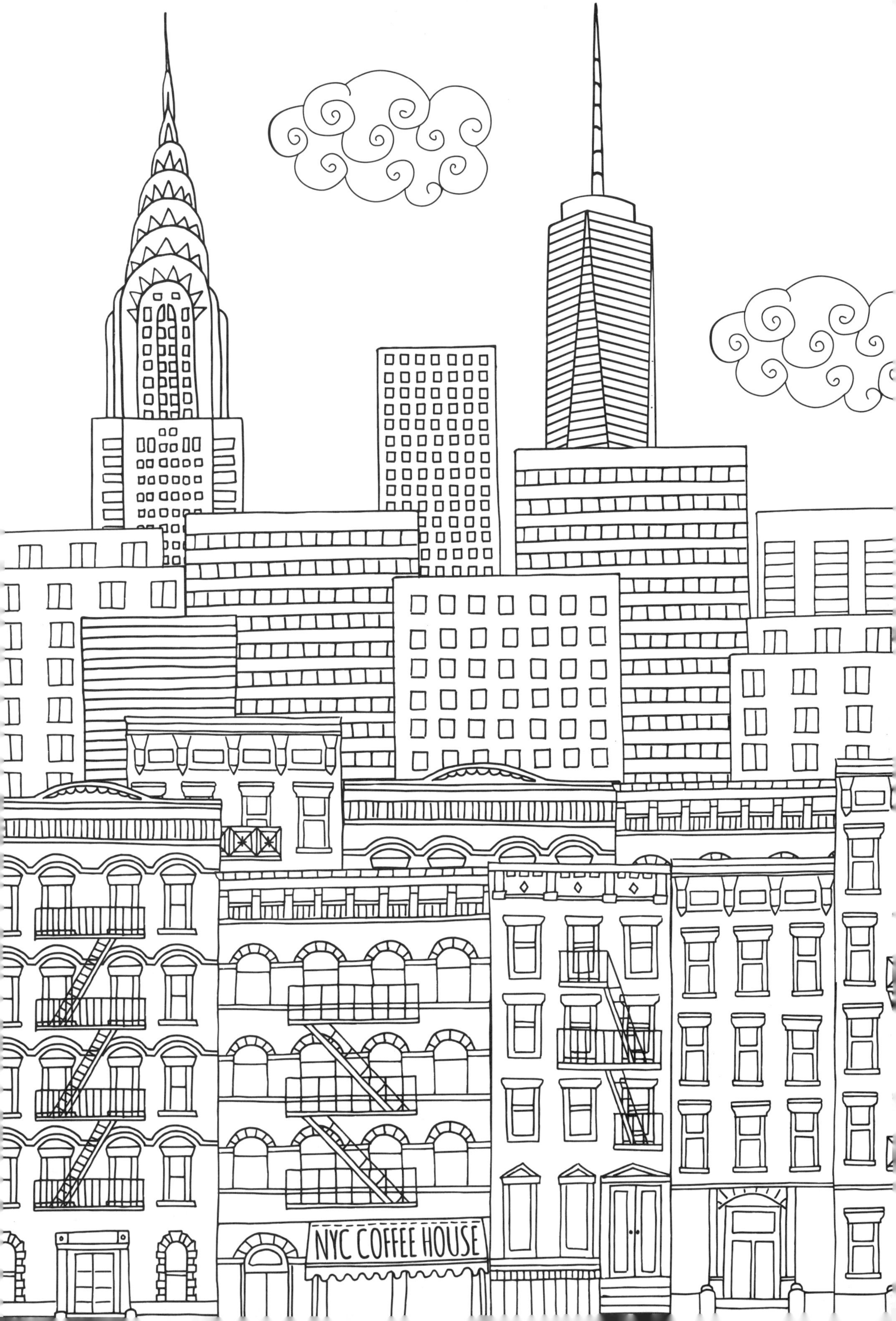
NYC COFFEE HOUSE

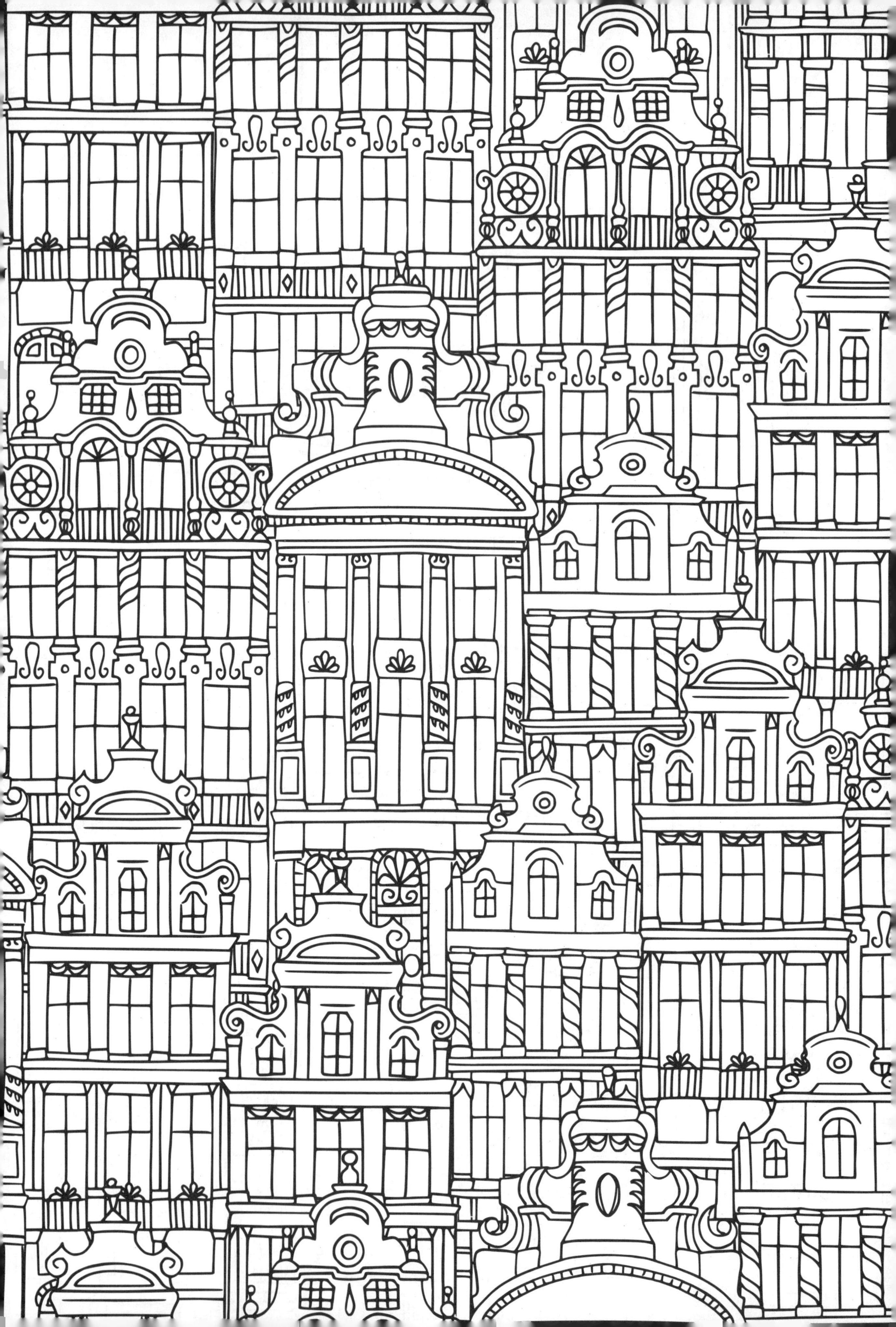

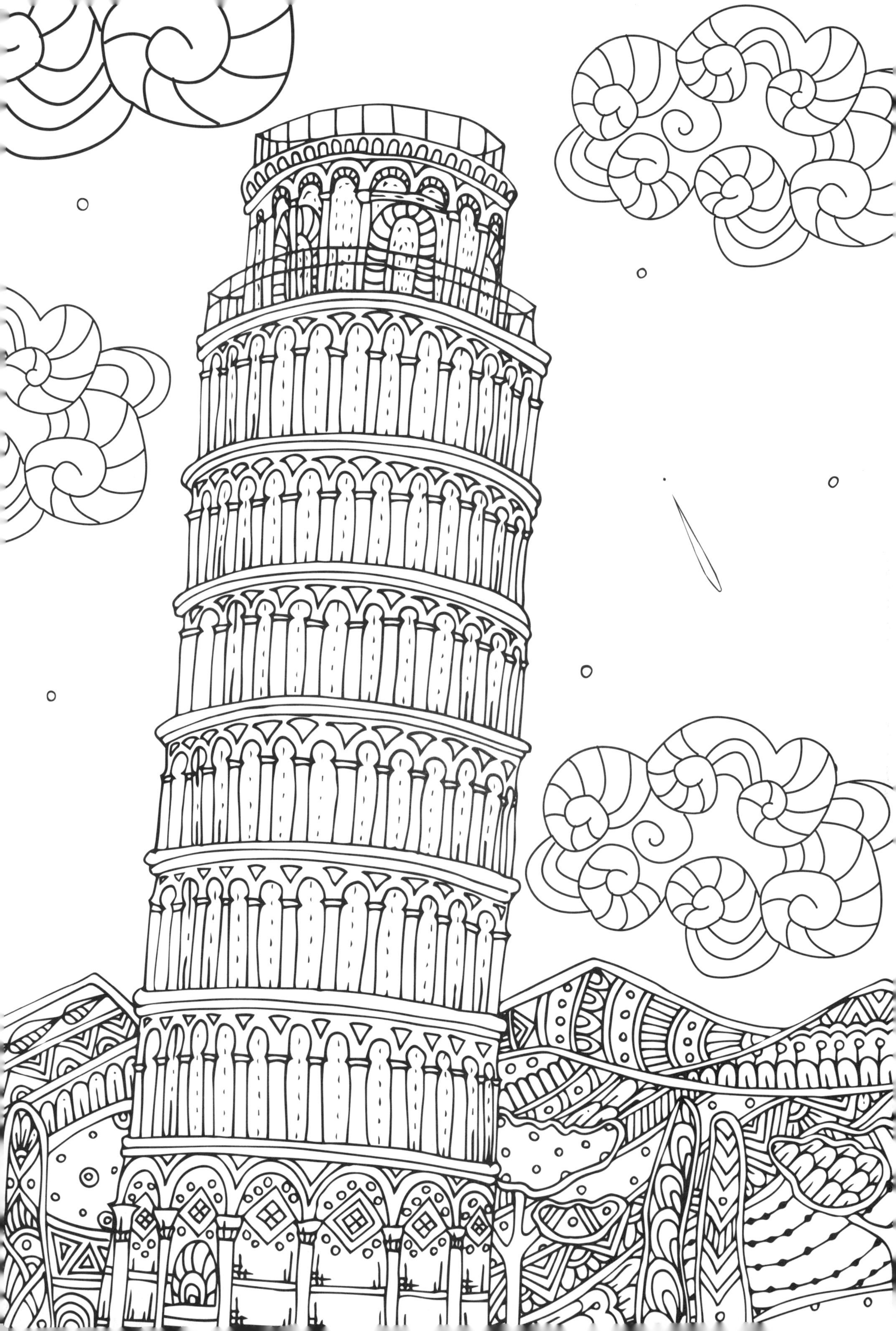

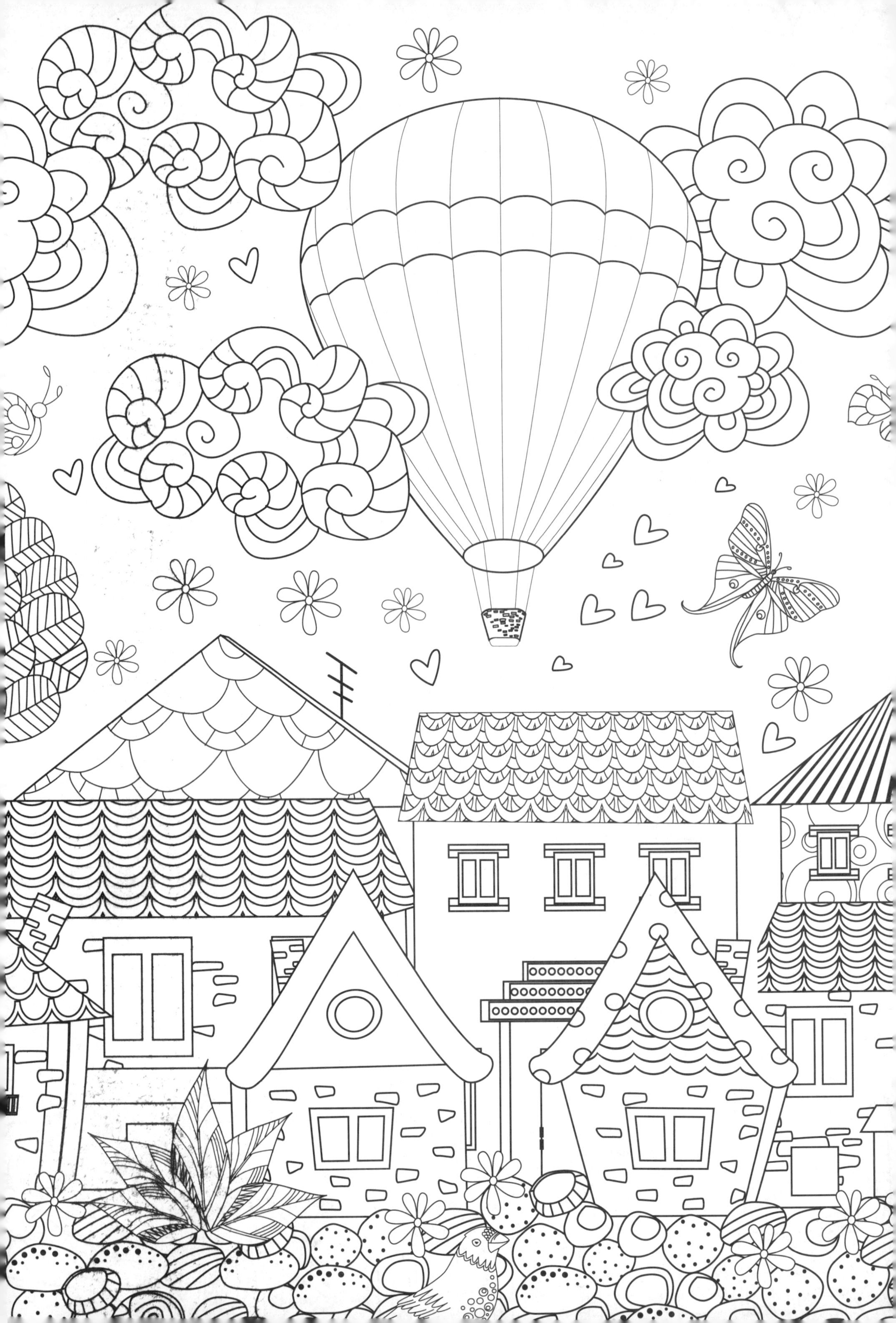

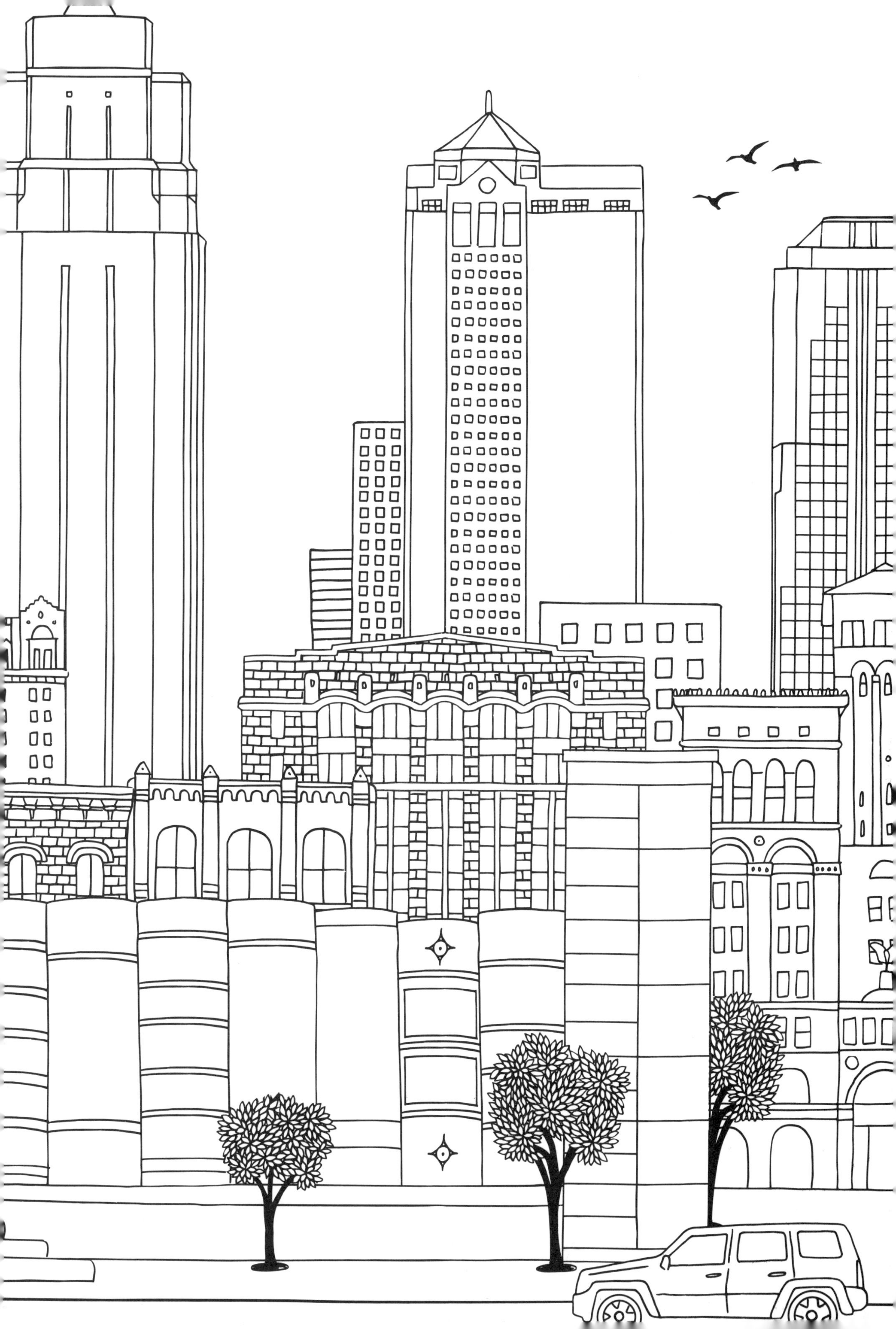

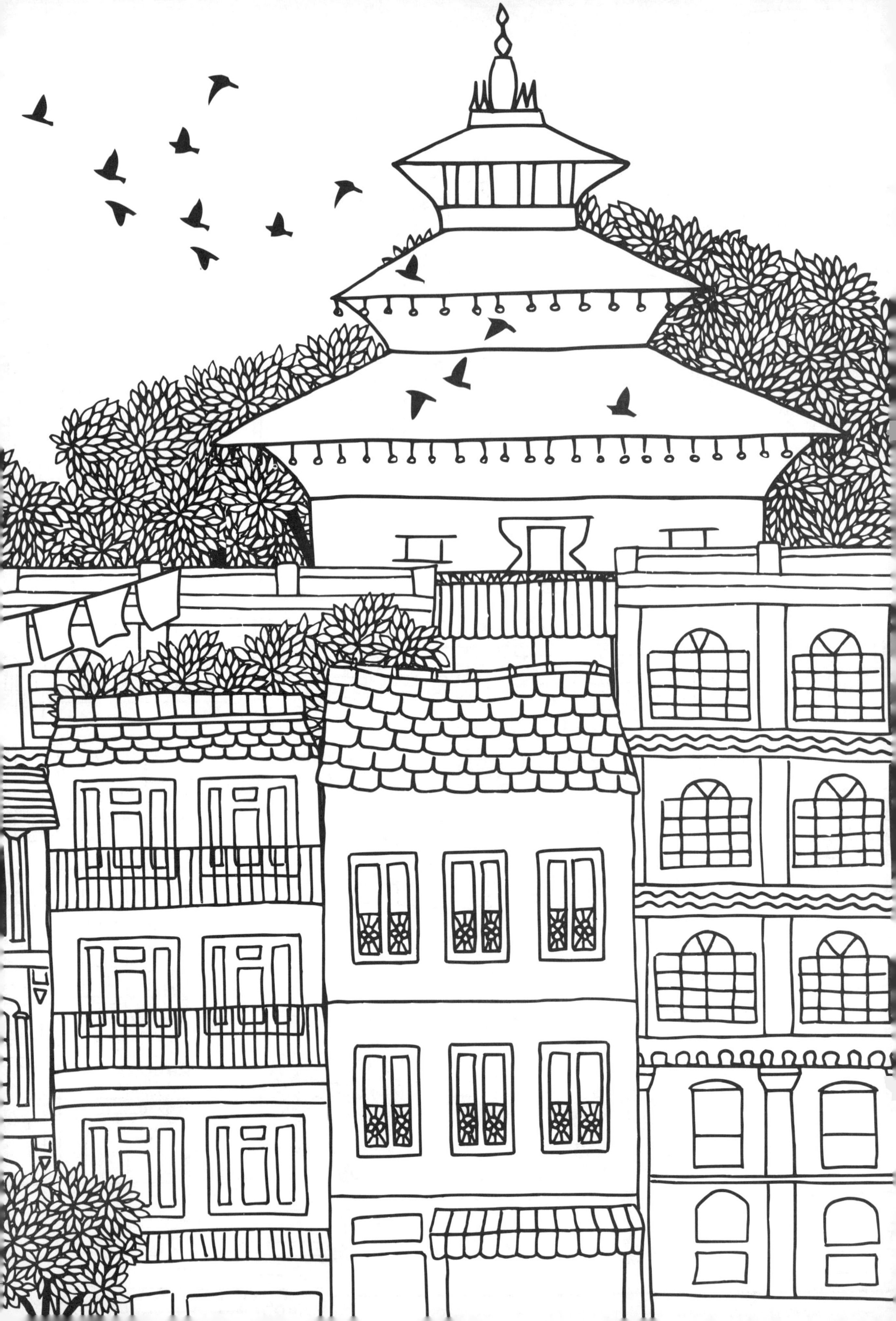

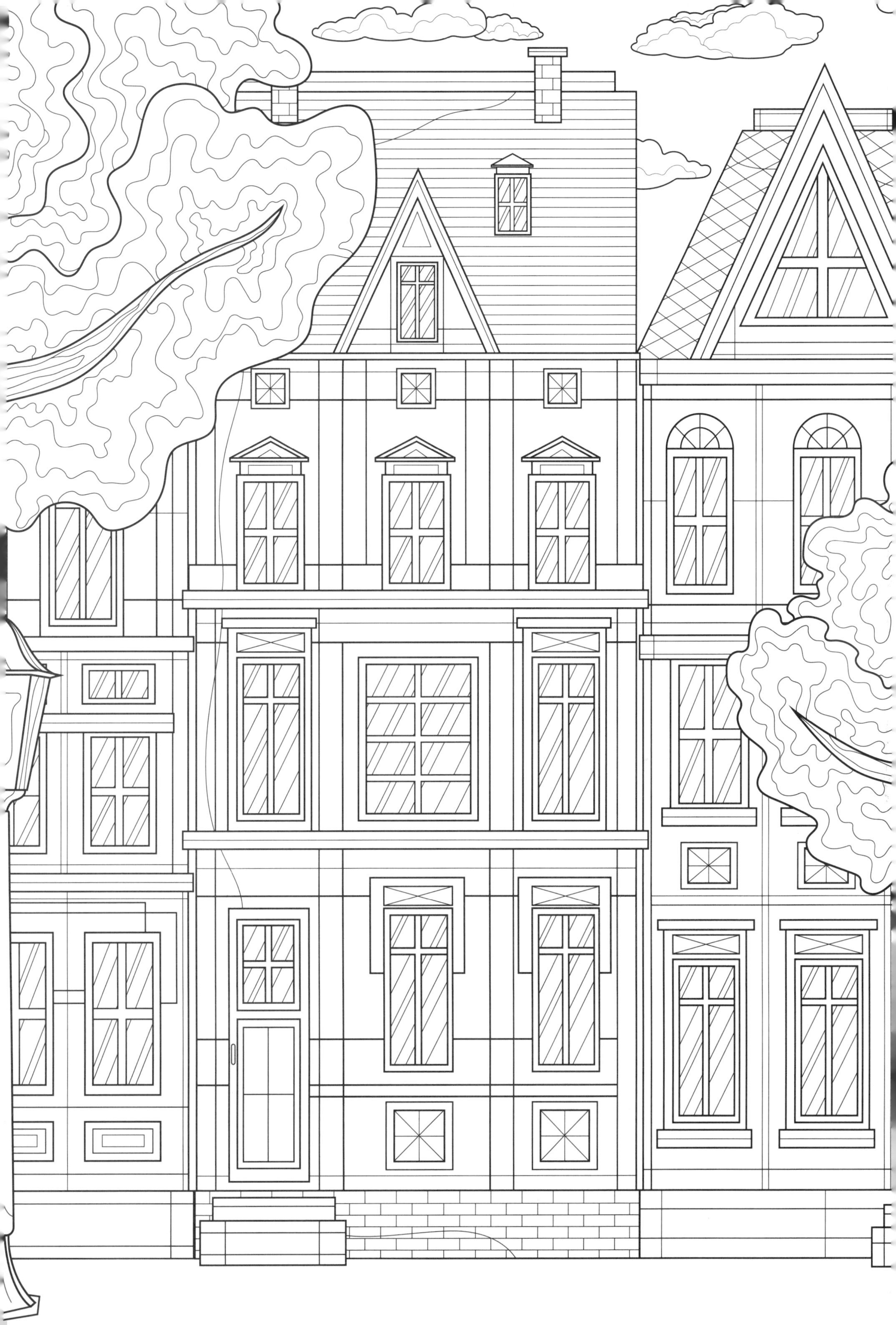

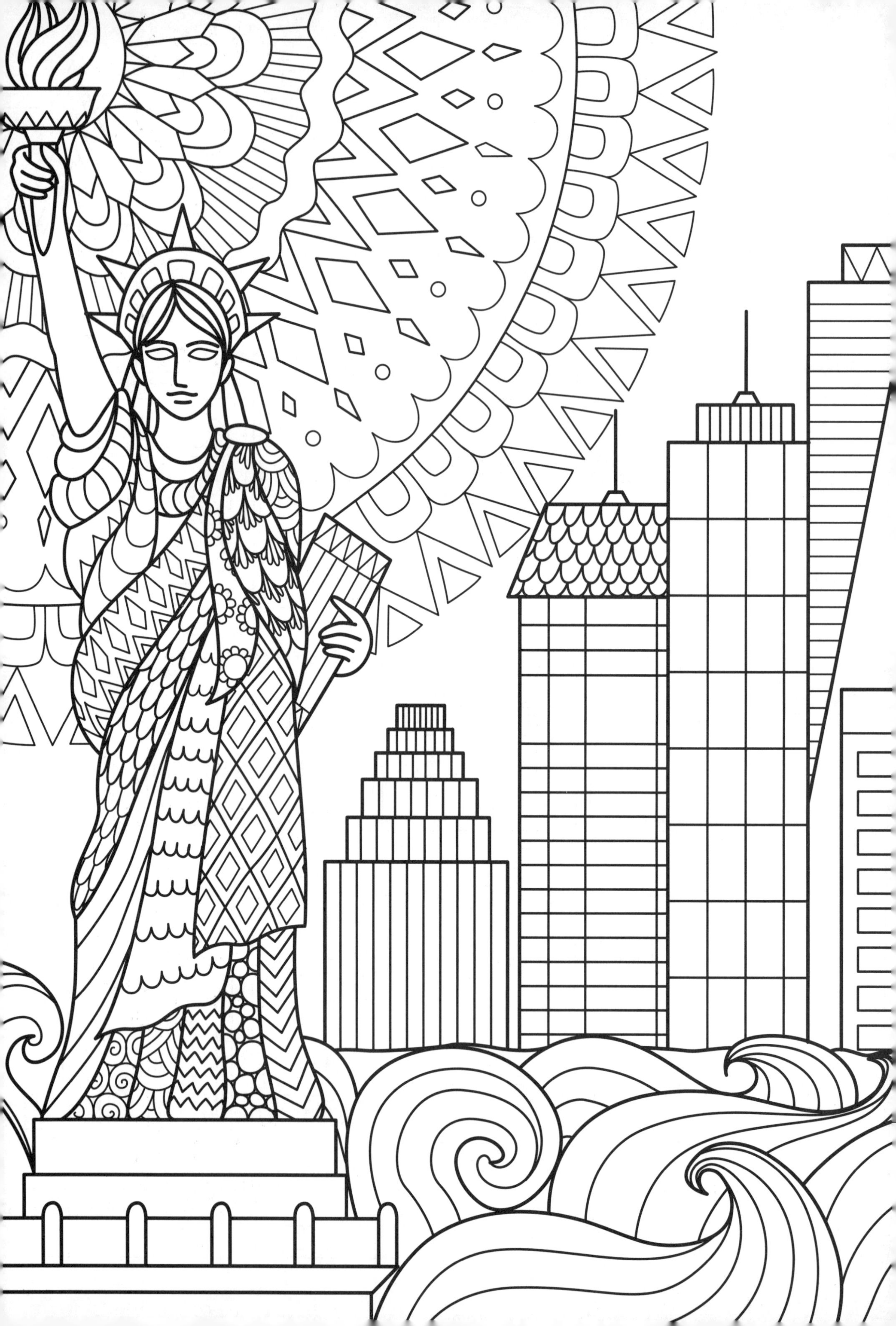

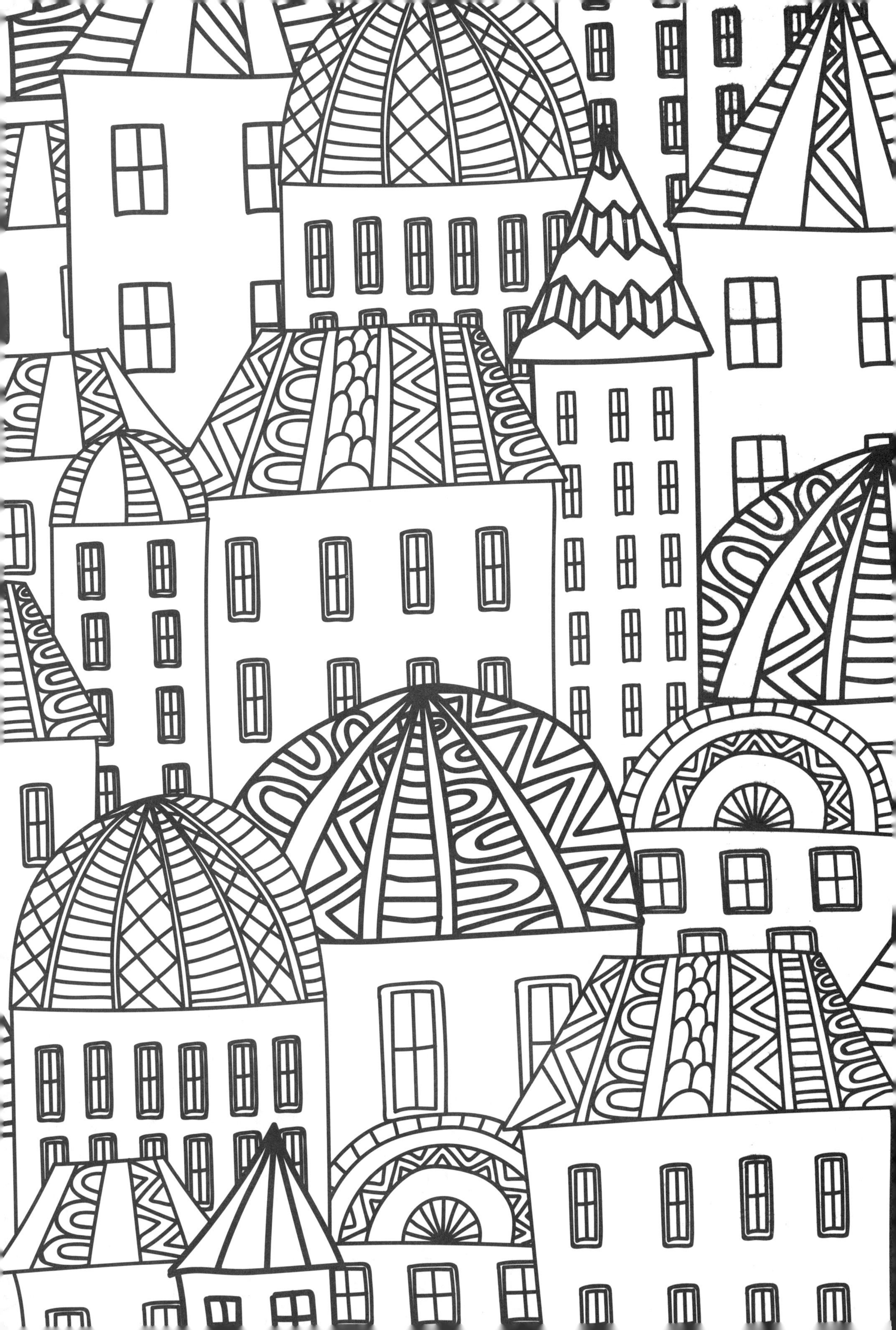

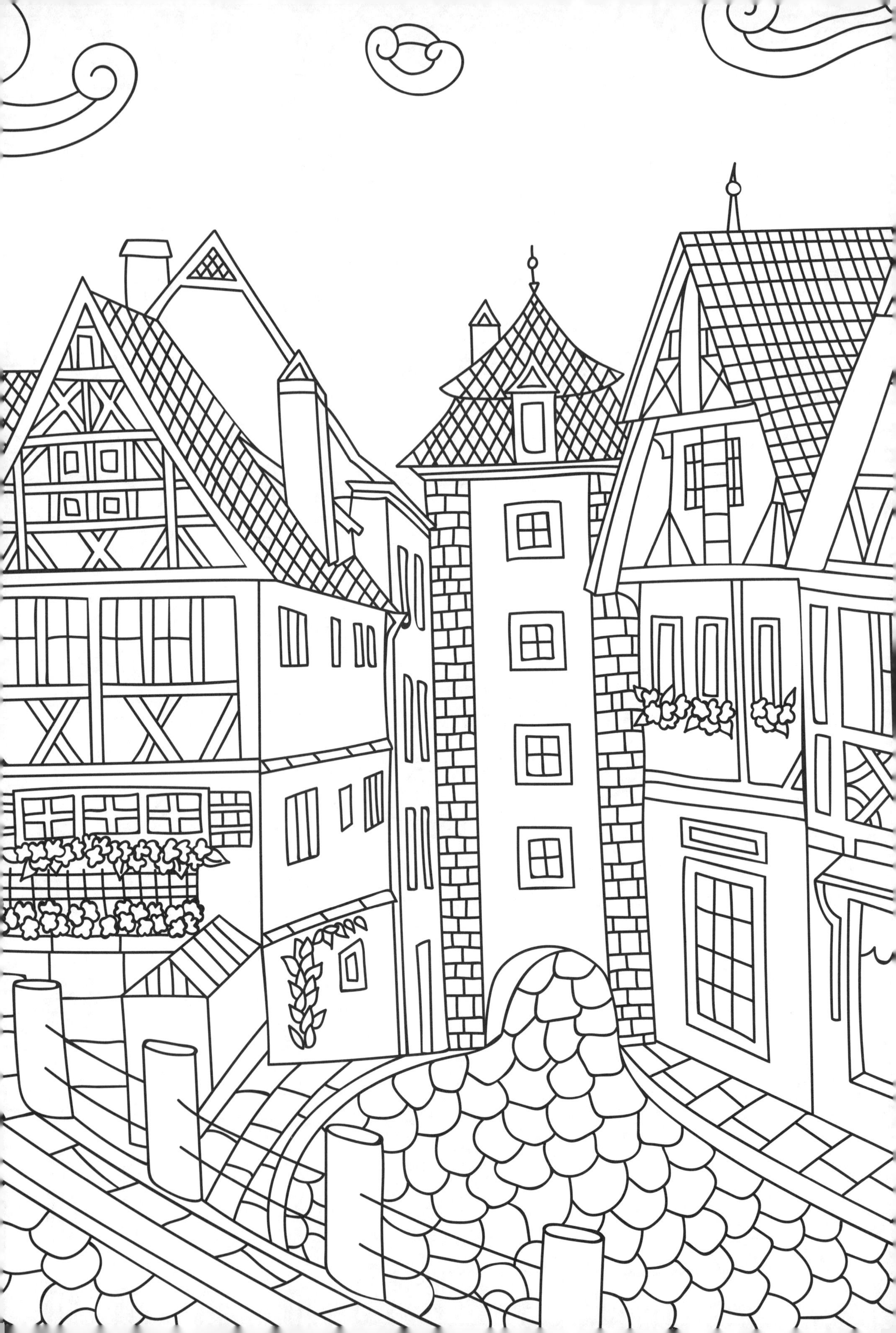

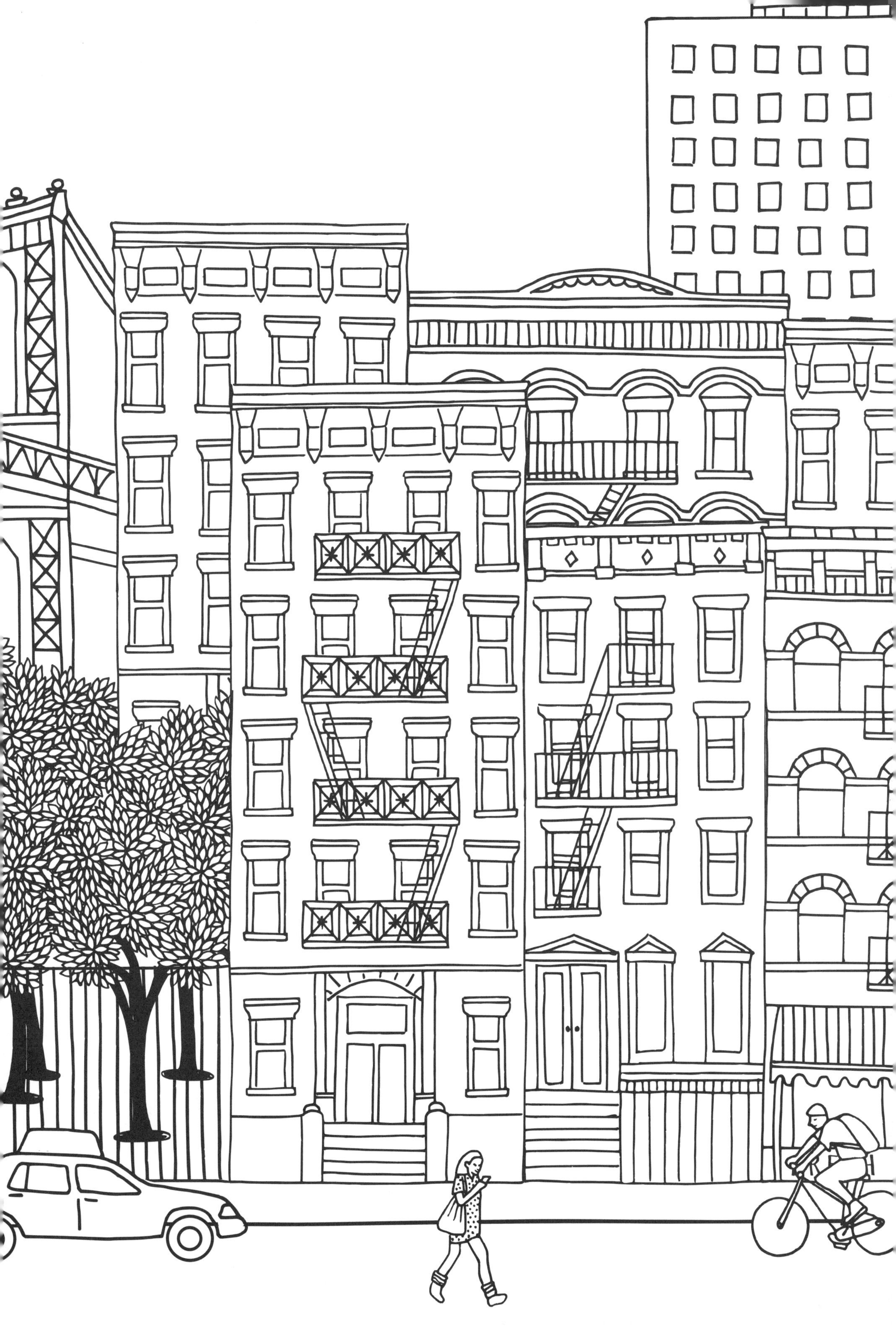

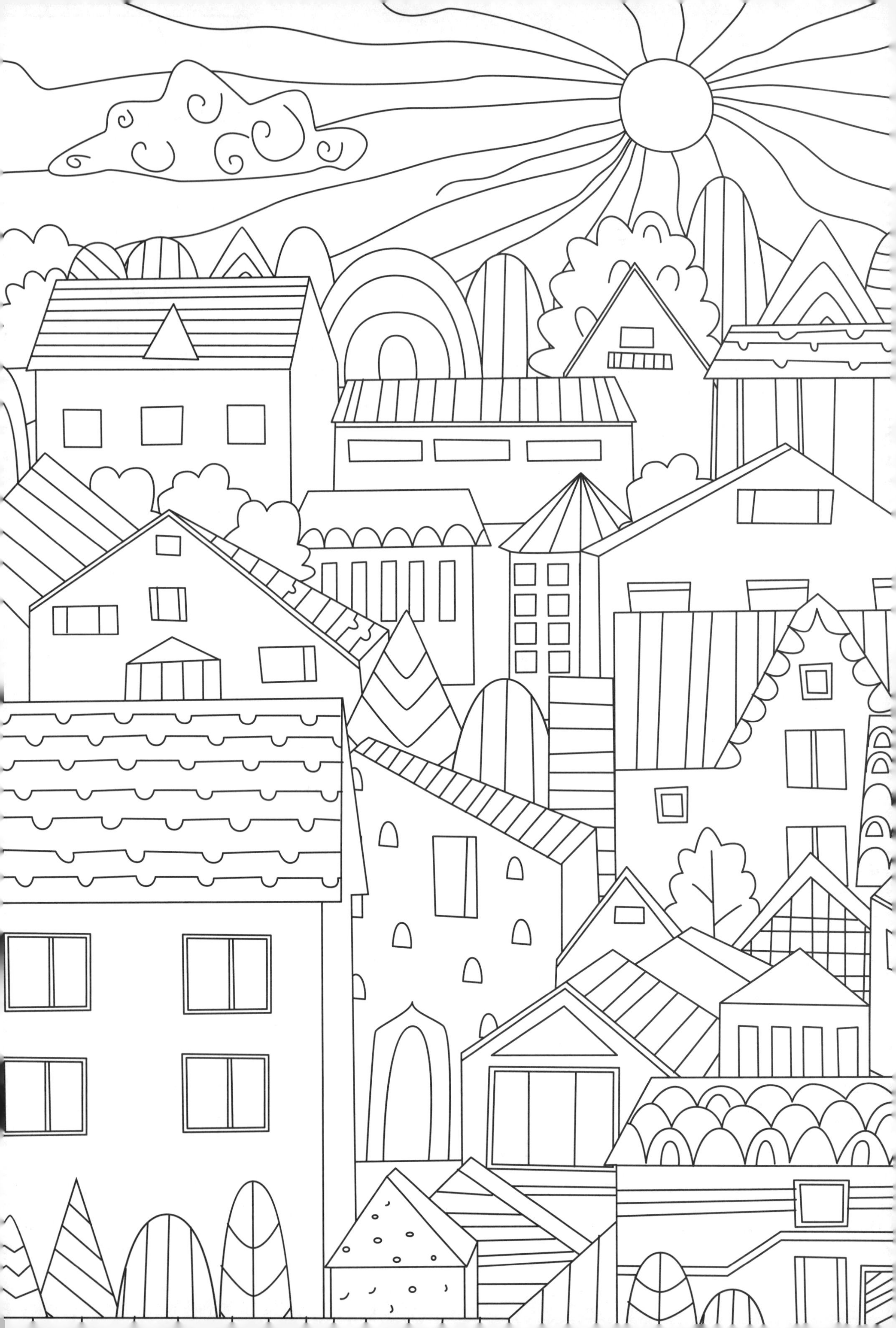

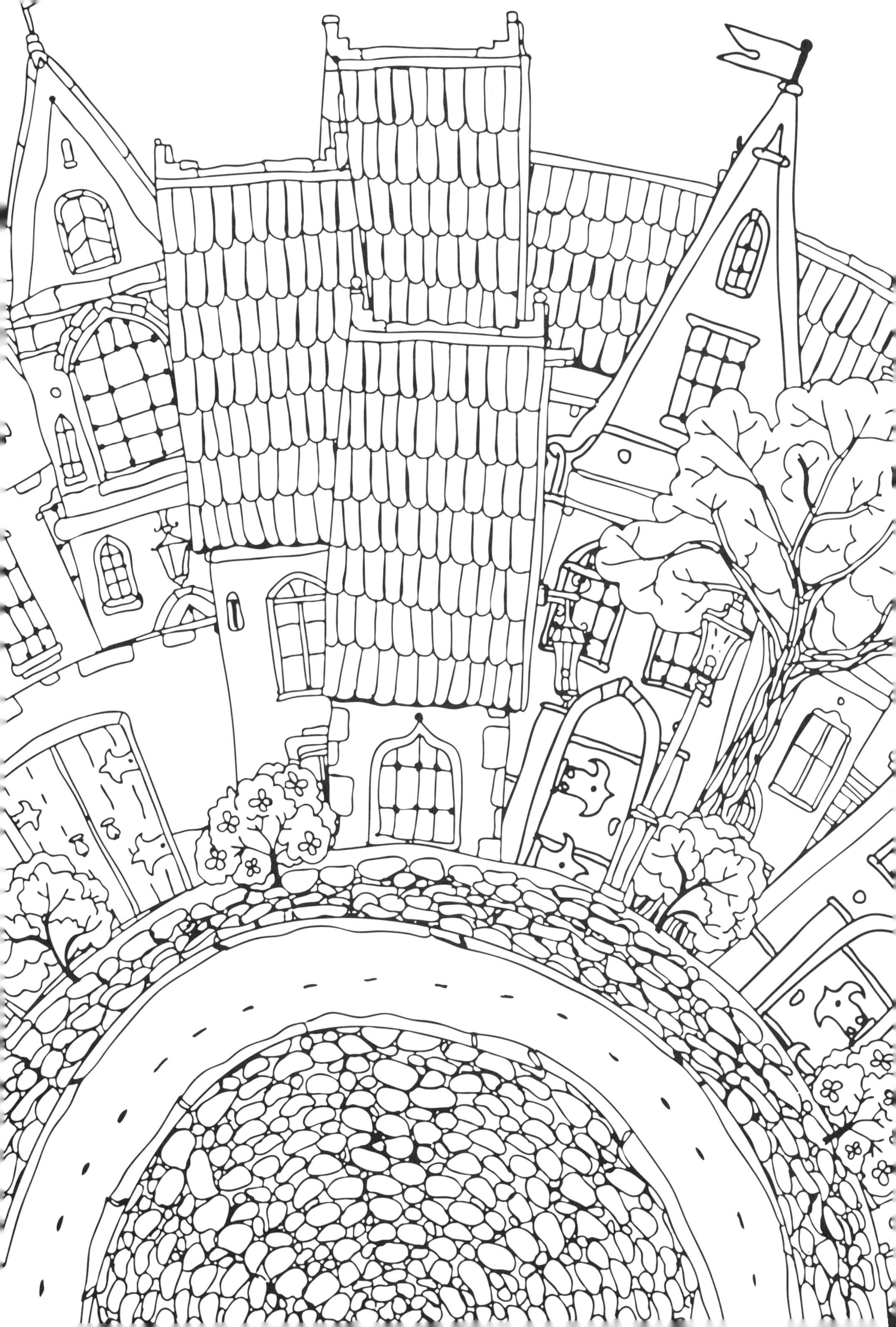

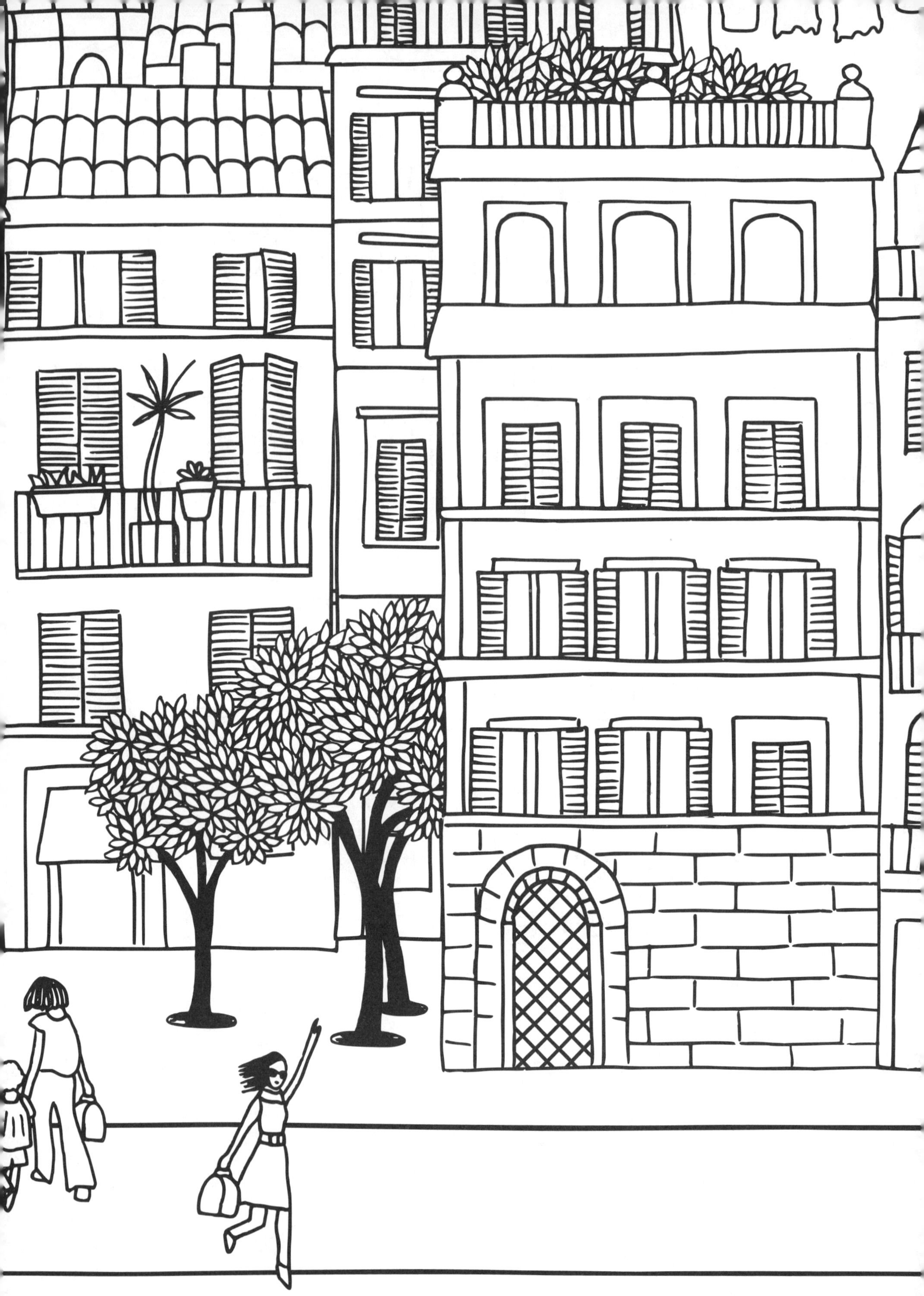

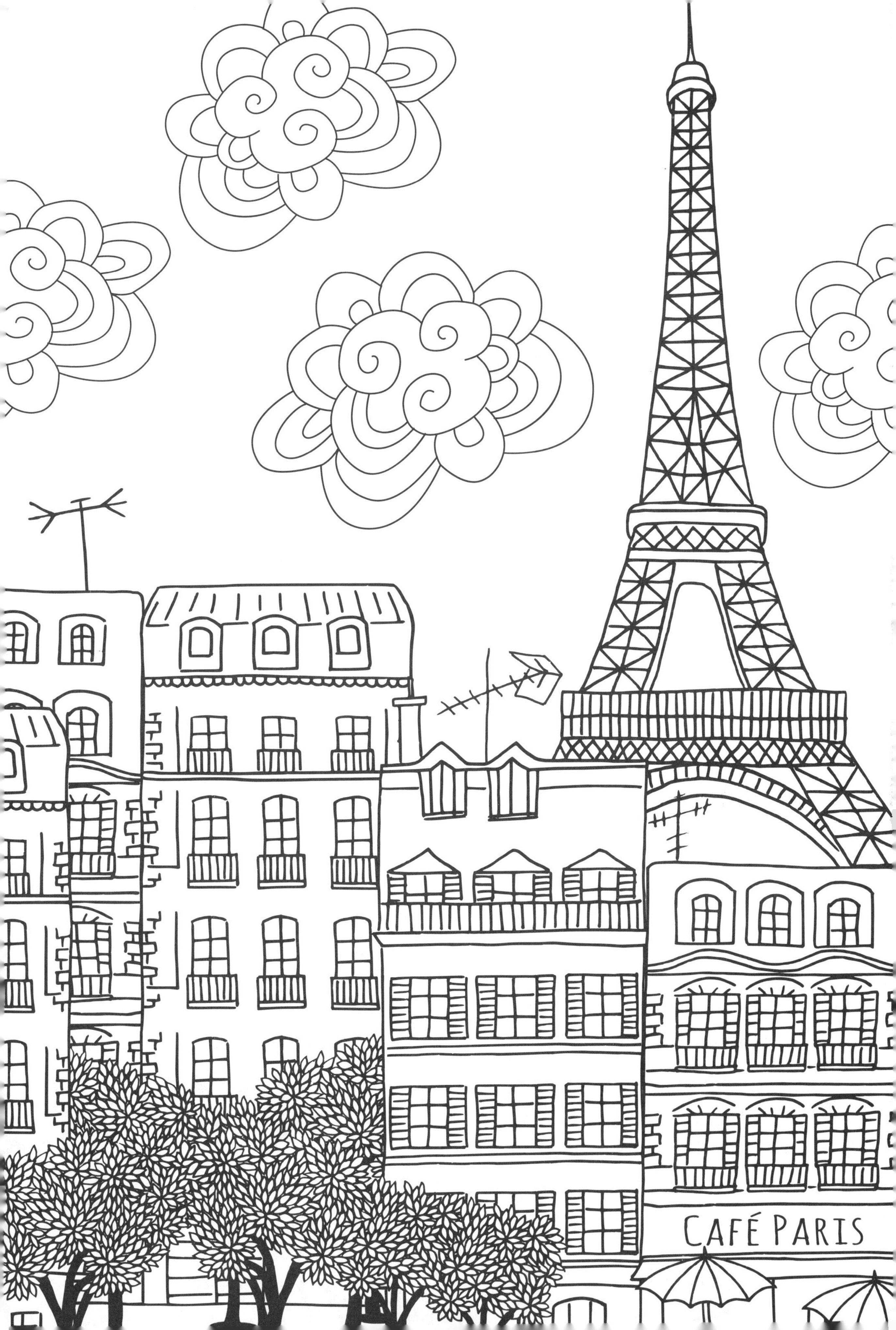
CAFÉ PARIS

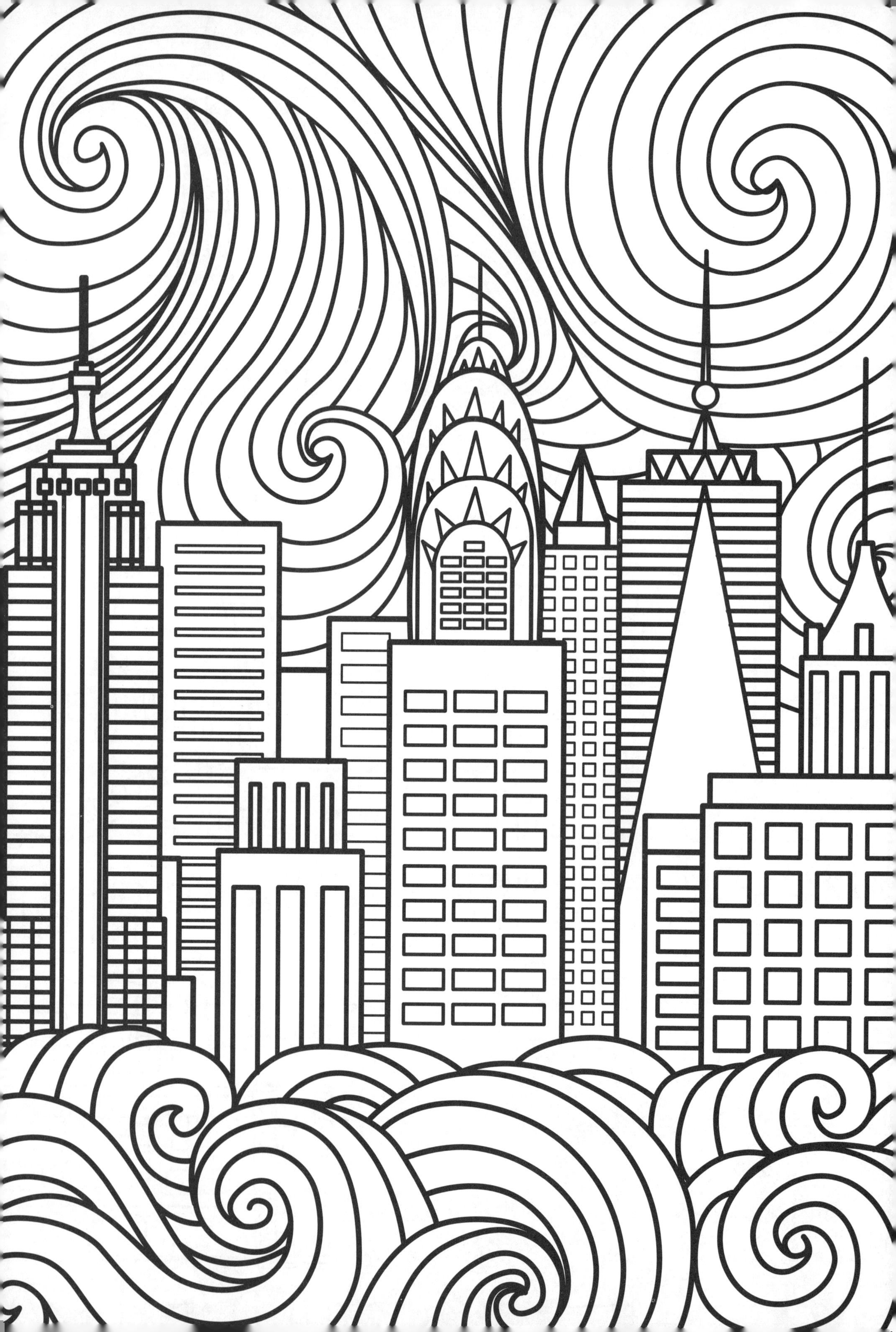

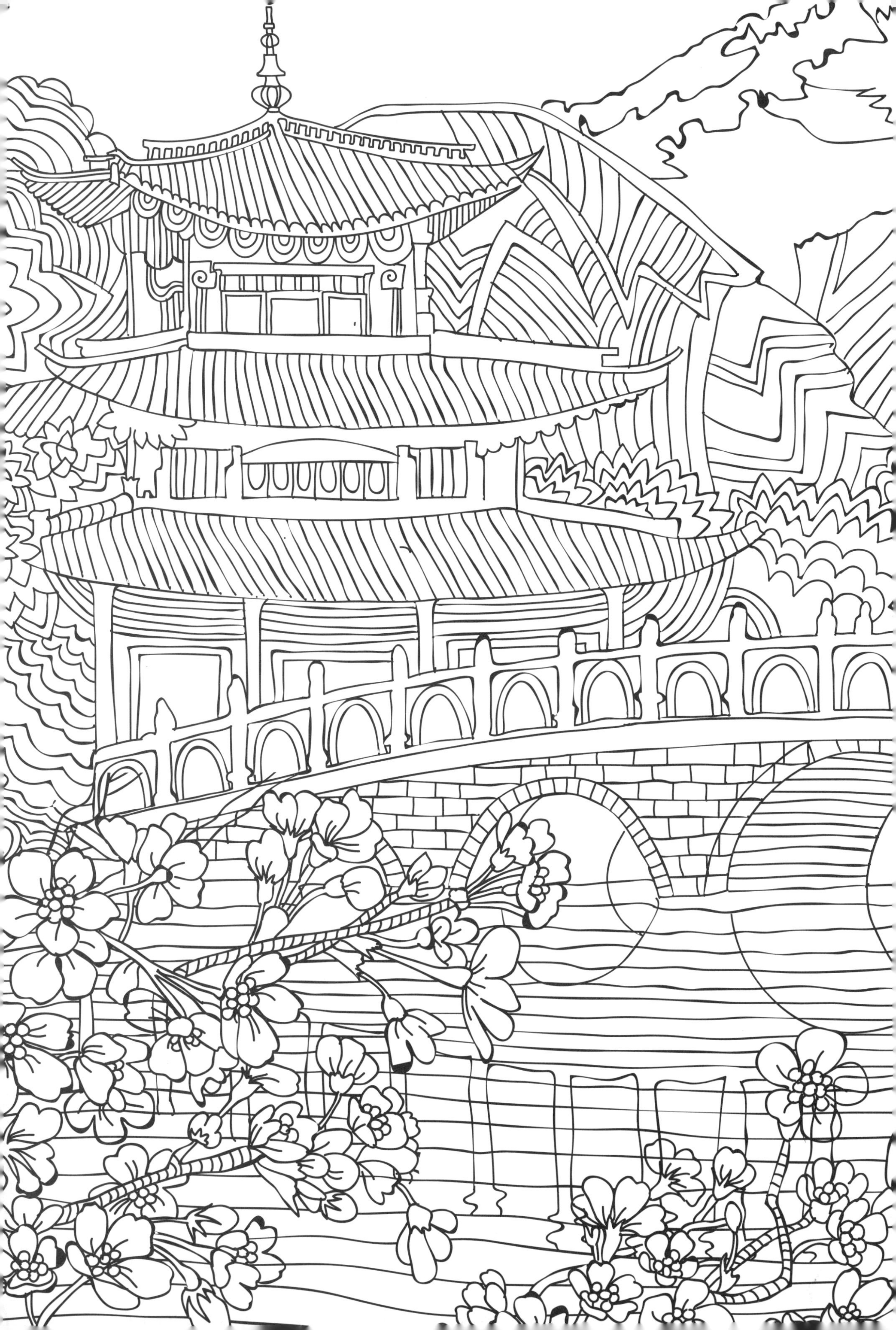

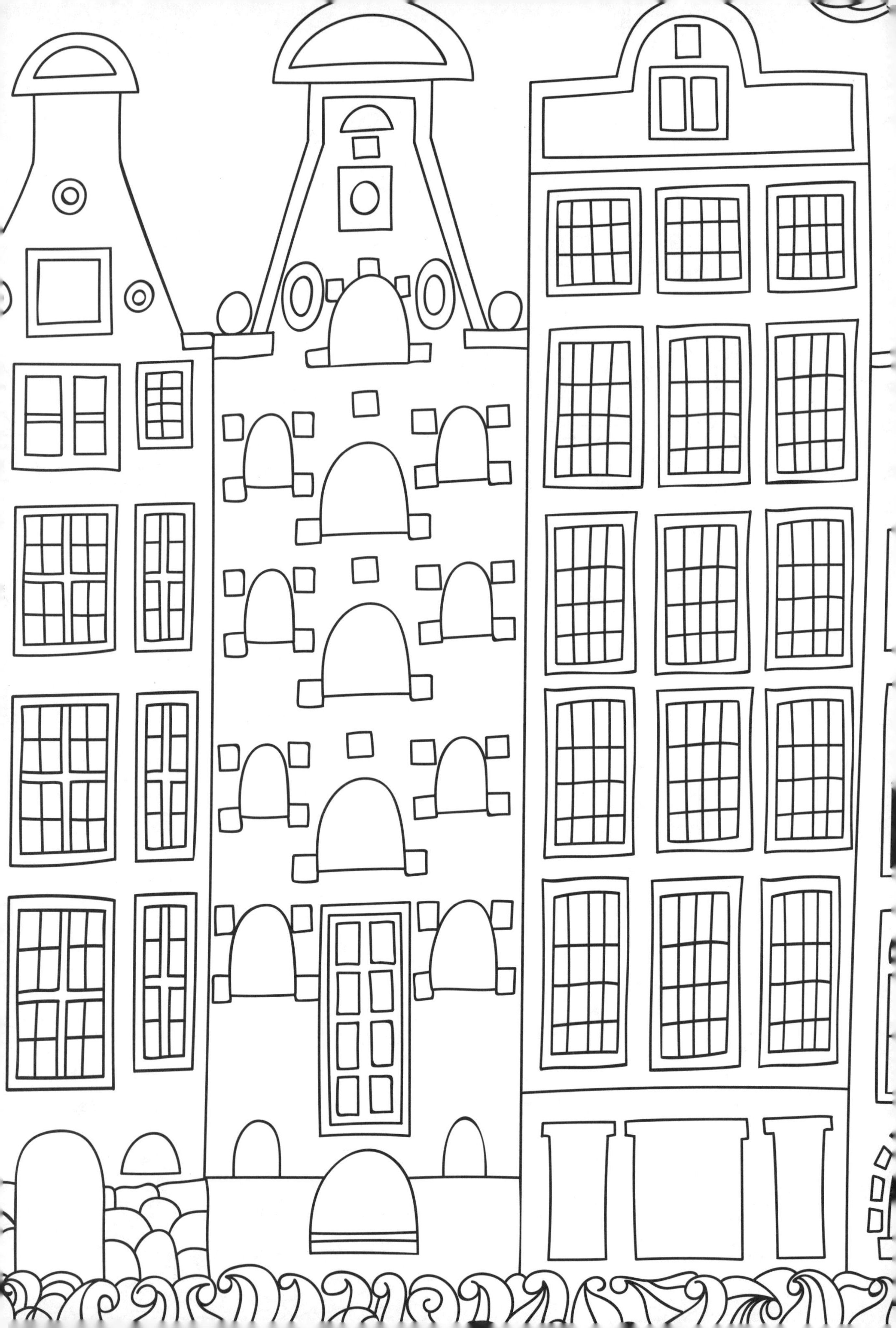